演讲的艺术

展现完美口才的技巧与修炼

焦　帅◎著

吉林出版集团股份有限公司

图书在版编目（CIP）数据

演讲的艺术：展现完美口才的技巧与修炼 / 焦帅著 .
— 长春：吉林出版集团股份有限公司，2018.3

ISBN 978-7-5581-4725-8

Ⅰ . ①演… Ⅱ . ①焦… Ⅲ . ①演讲－语言艺术 Ⅳ .
① H019

中国版本图书馆 CIP 数据核字（2018）第 041539 号

演讲的艺术：展现完美口才的技巧与修炼

著　　者	焦　帅
责任编辑	齐　琳　史俊南
封面设计	颜　森
开　　本	880mm×1230mm　1/32
字　　数	140 千字
印　　张	7
版　　次	2018 年 12 月第 1 版
印　　次	2018 年 12 月第 1 次印刷

出　　版	吉林出版集团股份有限公司
电　　话	总编办：010-63109269
	发行部：010-69584388
印　　刷	三河市龙大印装有限公司

ISBN 978-7-5581-4725-8　　　　　　　　定价：32.00 元
如出现印装质量问题，调换联系电话：010-82865588

前 言
PREFACE

演讲自产生以来，就是一种影响力巨大的思想传播武器。在今日这个无处不存在激烈竞争的时代，要想快人一步获得成功，就需要极为优秀的口才。毫不夸张地说，生活中，演讲无处不在，无人不用。

作为一种思想武器，演讲是一门实用性极强的学问，也是一种对语言逻辑的巧妙运用，更是一种文化的积淀。它把社会文化、道德伦理、政治军事等有机融汇在一起，把语言的美与生活的真如艺术般完美而巧妙地结合。

演讲离不开演讲词，没有优秀的演讲词，天才演讲家也无法打动听众。因此，演讲词的写作是演讲成功的一个关键因素，只有写得精彩，才能说得出色。

在我们匆匆而又忙碌的一生中，若想有所建树，使自己的人生发出夺目的光彩，就需要学习和运用演讲技能，阅读一定数量的优秀演讲词，掌握演讲词的写作方法。这不仅可以使我们的人生更加丰富完美，还可以培养好的口才，为生活和工作提供帮助，最终实现自己的人生梦想。

身处移动互联网时代，一次演讲可能会被千千万万的人观看，因此产生的影响较之过去有了几何级数的增长。优秀的口才，受人欢迎的演讲，能很大程度上改变听众的命运，同时也能给予听众力量与启迪，帮助其树立生活的信心，激发内在的热情。

想要掌握演讲技巧以及演讲稿的写作方法，从而在众人面前自如地演讲，赢得关注与信赖，成就美好的未来，需要我们后天的磨炼。

鉴于此，我们编写了这本书。本书不仅提供了不同场景、不同主题的各类优秀演讲词范文，可以即查即用，还打造了一套科学、规范的演讲词写作技巧和演讲技巧训练体系，帮助读者进行系统训练，全面提升演讲能力，让读者成为一个真正的能写能说的一流演讲家。

我们诚挚地期望，本书能够引领读者领略中外演讲的艺术魅力，进而启迪心智、陶冶性情，提高个人的演讲技巧、审美水准，为走向成功的人生打下坚实的基础。

目 录
CONTENTS

第一部分　演讲的理论

第一章
演讲是什么

演讲的概述 …………………………………… 002

什么是演讲 / 演讲的内涵 / 演讲依靠什么表现

演讲的特点、功能与目的 …………………… 007

演讲的特点 / 演讲的功能 / 演讲的目的

第二章
演讲的分类

从演讲内容上分类 …………………………… 015

政治演讲 / 经济演讲 / 学术演讲

法律演讲 / 宗教演讲

从演讲的表达形式上分类 …………………… 016

命题演讲 / 即兴演讲 / 论辩演讲

第二部分　演讲的技巧

第一章
演讲语言的规范

演讲语言六大准则 …………………………………… 020

准则一：说话一定要准确 / 准则二：说话要尊重对方

准则三：说话必须有修养 / 准则四：说话要讲究规矩

准则五：说话也要讲分寸 / 法则六：说话别踩"雷区"

演讲时的五种不良习惯 …………………………………… 028

第二章
演讲前的语音训练

朗读能力 …………………………………………… 032

朗读的作用 / 朗读中常见的问题 / 朗读的基本技巧

常用的朗读节奏

第三章
演讲词的准备、写作

演讲提纲的撰写 …………………………………… 049

演讲提纲的作用 / 撰写演讲提纲的步骤

演讲稿的基本标准 ················· 051

演讲稿材料的收集、整理 ············· 055

收集演讲稿材料的原则 / 查阅相关资料及向他人请教

采访的方式方法 / 演讲材料的收集范围和具体方法

演讲材料的整理原则

演讲稿的写作 ··················· 071

演讲稿的选题 / 演讲稿的选材 / 演讲题目的确定

演讲稿的炼句技巧 / 演讲稿中的修辞

演讲稿如何引用史料 / 演讲中如何巧用数据

第四章
演讲的开场、进行与结束

演讲开场类型 ··················· 082

演讲的悬念设置 ················· 086

演讲的自我介绍 ················· 087

演讲如何进行 ··················· 088

演讲应怎样设置称谓 / 营造生动的语言环境

演讲过程要错落有致

演讲如何结束 ··················· 094

高潮式、总结式和余韵式的结尾 / 格言式、号召式

和呼吁式的结尾 / 引述式、幽默式的结尾

第三部分　演讲的场景应用

第一章
竞聘演讲

竞聘演讲稿的写作……………………………………… 100
竞聘演讲稿的开头方法 / 竞聘演讲稿的主体内容
竞聘演讲稿的结尾方法
竞聘演讲的注意事项……………………………………… 103
目标的明确性 / 内容的竞争性 / 演讲的技巧性
竞聘演讲的场景应用……………………………………… 104

第二章
就职演讲

就职演讲稿的写作……………………………………… 115
标题 / 称谓 / 正文 / 落款
就职演讲的场景应用……………………………………… 117

第三章
述职演讲

述职演讲稿的写作……………………………………… 129
充分反映自己在任期内的实绩和问题

实事求是地评价自己 / 抓住重点，突出个性

述职演讲稿的写法

述职演讲稿的注意事项…………………… 132

述职演讲的主要体式…………………… 135

述职演讲的场景应用…………………… 136

第四章
面试演讲

面试演讲的适用范围…………………… 169

职位面试 / 公务员面试

面试演讲的内容要求…………………… 172

面试演讲的主要内容 / 自我介绍时须避免的问题

自我介绍的要点

面试演讲的注意事项…………………… 178

面试演讲的场景应用…………………… 188

第五章
欢迎演讲词

欢迎词的写作…………………… 193

欢迎词的格式 / 欢迎词正文

欢迎词的注意事项…………………… 194

欢迎词的分类…………………… 195

从表达方式上分 / 从社交的公关性质上分

欢迎词的场景应用…………………… 196

第六章
纪念词、悼念词

纪念词的写作 …………………………………………… 199

标题 / 正文 / 结尾

悼念词的写作 …………………………………………… 200

标题 / 正文 / 结尾

纪念词的场景应用 ……………………………………… 201

悼念词的场景应用 ……………………………………… 209

第一部分

演讲的理论

演讲是什么

演讲的概述

什么是演讲

什么是演讲？也许大家的第一反应就是——用嘴说话。但是，只要仔细想想就会发现，演讲和讲话有很大的区别。早在古希腊时期，游吟诗人荷马就游走希腊各地，传唱特洛伊战争中英雄们的事迹；我国的大思想家孔子也是周游列国，推广他的学说，劝告各国诸侯，他们的行为从形式上讲都是所谓的演讲。抗日战争时期，经常有爱国人士、学生会成员等在人潮汹涌的地方，面向听众，凭借自己的口才，运用有声语言和态势语言的艺术手段阐明道理、抒发感情、发表个人见解、感召听众。上述就是我们所要谈的演讲。

演讲和说话的区别在于，演讲的目的是因疑作答、寻根究底、明辨是非、释疑解惑、阐明观点。而说话，是人们的自言自语、日常的寒暄、聊天，或者一般性的个别交谈。下面是演讲具有的几点特征。

首先，演讲是一种语言，这种语言不单纯等同于书面用语，也不单纯等同于口语，它既兼有书面用语的正式与正规性，又具有口语的感染力。

其次，演讲的目的是发表见解、阐明道理。

再次，演讲是一个互动的过程，是面对听众的讲话。在演讲现场，演讲者与听众进行着信息交流和情感互动，这样就形成了一个特定的时空情境。

最后，为了打动人心，演讲具有一定的表演成分。演讲者在演讲过程中，要借助相应的艺术手段增强感染力。

但要注意的是，演讲不能单纯表演，也不能单纯朗读。在传递信息的时候，要用表演来演绎和阐释演讲的目的。"演"与"讲"在演讲实践活动中，是以"讲"为主，以"演"为辅，互相交织、互相渗透、互相促进的统一。在这里"讲"起主导作用，是决定因素，而"演"则必须建立在"讲"的基础上，否则它就失去了存在的意义。

由此我们可以给演讲下这样一个定义：演讲是一种对众人有计划、有目的、有主题，系统的、直接的、带有艺术性的社会实践活动，亦可被视为"扩大的"沟通。

演讲的内涵

演讲是在社会实践的直接需求下产生的一种活动，它是一种人与人之间的公共交往。在这样的交往中，必然要发表见解、提出主张、释疑解惑、抒发感情，以达到说服人、感染人、教育人、激励人的目的。

1.演讲作为一种社会实践活动，具有现实性和艺术性

在演讲中，无论是演讲者、主持者抑或是听众，都有自己的目标指向和心理定式，都十分重视演讲的实际效果。就演

讲者来说，当然力求当场感召听众、说服听众，达到预期的目的。就听众而言，从社会价值观念出发，同样也希望从演讲中获得知识和启示。至于演讲主持者，本来就承担着根据特定的目的对演讲活动进行组织和安排的任务，他更希望演讲活动圆满成功，达到最佳的实际效果。

一场富有吸引力的好的演讲，不仅可以生动地反映生活、揭示真理、帮助人们正确认识客观规律，同时还可以培养人们美好的道德情操，促进人们奋发向上，给人以强烈的美的享受。演讲活动所发挥的认识作用、教育作用、美感作用，正是社会实践的直接需求，同时，其本身也是实实在在的社会现实生活，具有直接的现实指导意义。

演讲，不仅是一种现实性的社会实践活动，还是一种带有艺术性的社会实践活动。科学通过生动的逻辑思维使人认识抽象的真理，艺术往往通过具体的形象使人认识真理。在演讲活动中，演讲者为了最大限度达到自己的目的，使听众心悦诚服，精神振奋，必须做到"晓之以理，动之以情，喻之以利，导之以行"。为此，常常要借助戏剧、音乐、绘画、相声、小说、诗歌等多种文学艺术形式。当然，演讲虽然具有多种文学艺术形式的特点和因素，但它毕竟不同于小说、诗歌、戏剧、音乐、绘画等文学艺术形式。文学艺术作品常常运用典型化手法，形象地、间接地反映社会生活，其本身并不等于现实生活；而演讲则是直接地表现生活，其本身直接体现着现实生活内容。

2. 演讲必须在特定的时空环境中进行

所谓"特定的时空环境"，一般指的是演讲者和听众处在一定的时间和空间中，如街头演讲，演讲者与听众同时处在街头；法庭论辩演讲，演讲者与听众同时处在法庭之中。

一般来说，演讲活动都要有相应的场合、相应的听众、适当的布置、合适的讲台、良好的音响效果和一定的时限。一定的时空环境反作用于演讲，制约着演讲的内容、语言和表情动作等。一旦时空环境发生变化，演讲的内容、语言和表情动作等也必须随之变化，以适应新的时空环境。在科学飞速发展的今天，时空观念发生了离异性变化，时间在超强度的缩短，空间在奇迹般的扩大。

广播、电视、网络拓宽了人们的空间范围，同时也缩短了人们的时间差距。运用广播、电视、网络可以把不同时间不同地点的演讲者和听众组合起来，使传统的演讲出现新的发展和突破。如广播电视演讲，从表面上看，听众、观众并未直接与演讲者处在同一时间和同一环境中，但从根本上讲众人仍是处在特定的时空环境中。演讲者必须有强烈的现场感，宛若置身于听众之中，要考虑听众对演讲的反应和态度评价，尽管各种反应和评价不一定立即在现场流露出来。

在设置着麦克风和摄像机的演播室内演讲，本身就是处于特定的时空环境中。从客观的角度来讲，任何一个演讲者都无法逃脱他所处的时代环境对自己的制约，因为离开了这些，演讲也就失去了它的存在价值。

3. 演讲必须依托语言来展开

语言是人们彼此交流思想以达到互相了解的一种极其重要的交际工具，人类社会生产的任何方面，都直接或间接以语言为工具。有声语言是演讲活动中传递信息、表达思想最主要的媒介和物质表达手段，是演讲者思想感情的载体，它以流动的方式，运载着演讲者的主张、见解、态度和感情，并将其传达给听众，从而产生说服力、感召力，使听众受到教育和鼓舞。离开口语表达，就无所谓演讲。要达到以理服人、以情感人、以智育人，使听众心领神会的效果，演讲者的语言必须流畅易懂，富有魅力。

好的有声语言不但准确清晰、圆润和谐，而且绚丽多彩、生动有趣，以其跌宕起伏、音义兼美的艺术魅力，形成一种境界，使言辞的表现力和声音的感染力均达到最佳状态。

演讲依靠什么表现

演讲，顾名思义，就是有演还要有讲。"讲"是讲明道理，诉说对某一问题的看法；"演"是借助声音、表情、动作来加强演讲的生动性。演讲以讲为主，以演为辅，通过有声语言及动作、体态和表情的巧妙结合，来强调自己的观点和看法，加强演讲的力度和感染力。因此，演讲的主要表达手段，我们可以概括为声音、态势和形象三种。

1.声音

一般来说，声音是构成演讲的基本条件，是演讲活动最主要的表达手段。声音会将演讲者的思想和情感，直接传达到听众的耳朵中。因此这要求演讲者必须吐字准确清晰，声音圆润清亮，语音语调具有节奏性，语气富有感情色彩。

2.态势

态势是指演讲者的姿态动作、手势眼神，以及表情等表演动作。

演讲者通过形体动作辅助声音，将思想和感情直接传达给听众的视觉器官。态势可以加强声音的感染力和表现力，弥补声音的不足。这要求演讲者动作准确到位、自然协调、个性鲜明。

3. 形象

形象是指演讲者的容貌体形、衣冠服饰，以及举止神态等。

演讲者形象的好坏、美丑，直接影响听众在视觉方面的欣赏感受和演讲者思想感情的表达。这要求演讲者在符合演讲思想感情的前提下，注意装饰朴素得体，举止神态优雅，展现给听众一个视觉美的外部形象，使听众产生倾听的欲望。

演讲的特点、功能与目的

演讲的特点

作为一个演讲者，一定要对整个演讲活动负起责任，因为演讲者是演讲活动的主体部分，在整个演讲过程中处于主导地位。因此真正意义上的演讲，其实是一个个性化的活动，它体现了一个人的个人魅力，是一个人的性格、气质、形态、口才的综合反映。

1. 演讲是真实的活动

一些演讲者站在讲台上时，侃侃而谈，旁征博引，有时还能插入一些令人捧腹的俏皮话，说理透彻明白，但是如果没有体现出个人的特点，一样无法获得听众热烈的反响。反之，如果一个演讲者讲的都是具有乡土气息的朴实的语言，但是这些语言中包含了他的真情实感，他的演讲就是成功的、感人的。因为演讲的首要特性就是真实。

演讲是一种现实活动，它是面向公众、面向社会的。虽然演讲中可能有一些表演的成分，但究其根本，是演讲者通过对社会现实的判断和评价，直接向广大听众公开陈述自己的主张

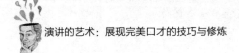

和看法的一种手段。

2.演讲具有艺术性

虽然演讲是事实的产物，但是演讲的目的简单来说就是使人认同自己的观点，因此，在演讲的过程中可以加入一些艺术效果。

演讲为了达到启迪心智、感人肺腑的目的，需要借助一些表现手段创造艺术感染力。演讲的艺术性在于它使演讲成了具有文学特征、朗诵艺术色彩和感召力的体态语言，这样就形成了整体感和协调感，也就是说演讲中的各种因素，如语言、声音、表演、形象、时间、环境等，形成了一种相互依存、相互协调的美感。同时，演讲还具备戏剧、舞蹈、雕塑等艺术门类的某些特点。演讲与这些因素融为一体，就形成了具有艺术感的演讲活动。

3.演讲具有鼓动人心的力量

我们知道，人们通过演讲活动来宣传真理、统一思想、赢得支持，从而引导他人。尤其是在战争年代和政治斗争中，演讲活动一向被认为是进行宣传教育的有力武器。

演讲需要使听演讲的人产生情感上的共鸣，因此要有鼓动性。在演讲中，演讲者需要用自己的形象、语言、情感、体态，以及演讲词的结构、节奏、情节等引发听众的共鸣，以此来抓住听众的心。可以说，是否具有鼓动性是演讲能否取得成功的重要标志。

4.演讲是人们日常生活中的一种工具

演讲从最初的面对公众讲话，演变到今天已经成为一门单独的学科，它是人们交流思想的工具。

现今社会中人们的任何思想、学识、发明和创造，都可以借助演讲这个工具来传播。可以说，演讲是最经济、最实用、最方便的传播工具。

5.演讲可以针对明确的目标

演讲是一种社会活动，它所面对的听众也是社会的成员。因此，演讲应具有社会现实的针对性，能够针对特定的人群、问题展开演讲，取得听众的认同。

演讲者的观点来源于对现实社会生活的归纳和提炼，只有这样，演讲才有说服力、感召力，才能引人深思，发人深省。

演讲必须观点明确，容不得一点沙子。演讲，要旗帜鲜明，主题显露：赞成什么，提倡什么，反对什么。泾渭分明，绝不含糊。

6.演讲能够适应任何环境

演讲是人们表达自己观点的一种活动，它的内容包罗万象，社会生活事无巨细，古今中外纵横千里。它适合于不同背景、文化层次、职业、身份、种族、阅历的所有人；同时，它不受时空、设备等限制，可以随时随地进行。因此，演讲是具有很强适应性的宣传教育形式之一。

演讲的功能

演讲虽然也是讲话的一种，但它和我们日常的讲话是完全不同的。我们日常的讲话，是人们为了交流思想、联络感情、协调行动而说的。这样的讲话，都是你一言我一语的。并且日常的讲话，对于逻辑性的要求并不高，人们的交谈是相互的、散漫的、随意的。

但是演讲不同，它具有明确的逻辑性和目的性，需要演讲者精心准备，它是由演讲者、听众两部分组成的。

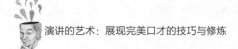

1.演讲在演讲者和听众之间建立起联系

正如我们之前所说的，演讲是由演讲者把自己的观点和看法系统地合到一起，有计划、有组织地传达给听众，在演讲的过程中除了事先设计好的互动，基本上是不需要听众插话的。即使是我们熟悉的辩论赛，也是一个人一个人地阐述，中途一般是不能被打断的。在这样特殊的模式中，演讲者和听众、听众和听众、听众和演讲者之间就形成了多种多样的联系。

这些联系以各种不同的形式展现在听众和演讲者的面前。听众可以在这些联系中找到情感的共鸣，同时理解和记忆演讲的内容。演讲者在台上滔滔不绝地发表演讲时，他的思想感情、举止神态都直接作用于听众。听众接收到这些信息，或欣然赞许，开怀大笑；或心存疑义，无动于衷。或惊或喜，或悲或叹，这一切都会在现场流露出来。

而对于演讲者，这样的联系，可以使他随时确认演讲的进度和效果。听众对演讲的反应和态度、评价，会自然地反馈给演讲者，为其所察觉。因此，一个成功的演讲者能够协调与听众的关系，使他的演讲具有吸引力，获得成功。

2.演讲是一种典型的传播活动

我们知道一个传播活动必须是这样的：

介质

传播者　←—————————→　受众

介质

传播者通过一定的介质将所要传递的消息，传递给他的目标受众，而受众在得到消息后再将他的想法、感情通过一定的渠道反馈给传播者，这样，传播者就知道他是否取得了预期的效果。

演讲是一种典型的传播活动，是演讲信息循环流通的过程。

在这个过程中，演讲者通过声音、态势、形象这些特殊的媒介，将演讲信息传达给听众。听众在得到这些信息之后，必然会出现一定的反应，比如高兴、悲伤或者漠不关心等。

因此，要使演讲顺利进行，就必须使各个环节有效连接，密切配合。尊重演讲的传播性，尊重听众，才能更好地完成演讲。

3. 演讲者独白的语言要具有准确性和生动性

演讲是一种靠演讲者的独白来打动听众、感染听众的传播方式。没有互动、交谈，就避免了内容的不统一，使演讲者能够明确阐述自己的观点，但同样因为这样，演讲者在演讲中要注意语言的准确、明白和生动。

也就是说，演讲者必须通过自身的有声语言和相应的态势语言来逐条逐款层层展开。要讲清思想观点的来龙去脉，不是三言两语可以办到的。因此，演讲者的语言必须经过认真组织、仔细斟酌、要有很强的内在逻辑。

演讲的开头要精彩，引人入胜，结尾要恰到好处，耐人寻味。中间部分要求层次清楚，论点明确，完美地将自己和听众的情绪推向高潮；同时要运用多种修辞手法使自己的论证天衣无缝。如何以其深刻的思想和精巧的文采来吸引听众、感染听众，拨动听众的心弦，弹奏出最动听的乐曲，这一切都要求演讲者苦心构思，耐心准备。

演讲者这种独白式的言态表达方式，是有声语言和态势语言的结合体，它要求语言、声音、眼光、动作、姿态有机结合，浑然一体，要做到吐词准确、语调动听、表情丰富、动作适度、感情充沛，使人产生一种"思风发于胸臆，言泉流于唇齿"的美感。因此，它必须遵循一定的美学原则，讲究音韵、修辞、气度等，具有一定的艺术色彩。总之，一次成功的演讲必须具备以下要素：措辞准确、声调清晰、体态得当、感情真挚、结构完美。

值得说明的是，演讲虽然是艺术化的独白式的言态表达，但这种"艺术化"有一定的"度"，它是受现实活动的目的和效果制约的有限的艺术，是一种手段性的艺术，如同技巧一般。如果超越了这个"度"，把演讲搞成评书、单口相声或诗朗诵，就显得不伦不类，失去了演讲的真实性。评书、单口相声、诗朗诵虽然也是"一人讲，众人听"，但是它们属于艺术范畴，是艺术活动中的言态表达形式，而演讲是现实活动中的言态表达艺术。

4. 演讲是一种具有很强实用性的常用工具

在我们的生活中，演讲无处不在。政治、经济、军事、外交、法律、学术、理论、宗教、道德或其他社会问题，都可以成为演讲的题材，帮助演讲者发表自身的意见和看法。

同时，演讲不像文字和书籍，要求受众具有一定的文字和文学功底。不论是老、中、青、少，还是工、农、兵、学、商，只要具有听讲能力，就能成为演讲听众。

演讲对场地的要求也不高，电台、电视台、礼堂、课堂、广场，甚至街头巷尾，只要是有人流的地方都能成为演讲的场地。

因而，演讲能紧密地配合形势，适应现实任务的多种需求，及时开展宣传鼓动、就职施政、争取民众、发号施令、激励斗志、传道授业、答疑解惑、布置任务、安排生产等活动。

事实上，演讲是最经济、最灵便、最直接、最有效、最实用的宣传教育形式之一。

演讲的目的

演讲的目的主要有5个，下面就为大家分别介绍。

1. 使更多人了解演讲的信息

演讲是一种传播活动，这种传播活动的主旨是：演讲者阐明有关人、事、物的某些状况或特征等，使听众理解、明白演讲者传递的信息。

在这样的传播活动中，演讲者不能支配听众的想法和情感，只能传达自己的目的和情感。

2. 使更多人接受演讲的信息

演讲者将信息传达出去后，他的工作并没有完成，他要确保能够实现自己的目的。目的是否实现要靠演讲者通过观察听众的神态、表情等信息来判断。

3. 使听众按照演讲的要求行动起来

这个阶段，听众已经完全接受了演讲的内容，并把演讲者的要求贯彻到了行动当中。演讲的目的是影响听众的举止，使其去做某件事或停止做某件事。在这类演讲中，演讲者首先要使听众明白和接受自己的思想、观点、建议，然后，必须以某种激情呼吁的方式，支配或驱使听众按照演讲者提出或传达的要求去行动。

4. 使人们从演讲中得到激励

在这类演讲中，演讲者的目的一般不是要影响听众的思想、信念，而是力图更强烈、更深刻、更动人地再现听众已经具有的思想、观点、感情、愿望、信念等，使听众的思想

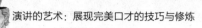

感情得到进一步强化和升华，从中受到鼓舞和激励。在这类演讲中，演讲者必须使自己成为听众的代言人，全面通晓并真挚地表达出听众的思想感情。此外，演讲者还应当要求自己成为能对听众进行引导的长者。可以说，这类演讲是演讲技艺的顶峰。一些彪炳史册的著名演说，如林肯的葛底斯堡演说、恩格斯在马克思墓前的讲话、丘吉尔首相的就职演说等，都是这类演讲的成功范例。

5. 使人们从演讲中感到快乐

在这类演讲中，演讲者会根据实际情况穿插一些幽默而富有趣味的内容，以活跃气氛，增强听众的兴趣，使其更乐于理解、接受某些观点或按某种观点去行动。这类演讲能够寓思想教育于娱乐之中，使听众摆脱紧张和疲劳，获得一种轻松的心境。

演讲的分类

从演讲内容上分类

政治演讲

政治演讲是指具有鲜明思想倾向、逻辑清晰的一种演讲，它具有强烈的感染力及鼓动性，其目的就是尽可能多地吸引人们的兴趣，拉拢更多的人到自己的阵营中。

经济演讲

经济演讲就是在经济活动中，对于如何发展自己、推销自己的演讲，或者是对于整体经济环境进行的探讨。

学术演讲

学术演讲一般是学者或者研究人员对自己研究成果的一种讲解，其目的是加强公众对一些专业性比较强的内容的理解和认识。

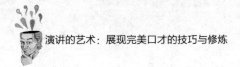

法律演讲

法律是地区或者国家用来规定人们行为的一种规范，而法律演讲就是从事与法律相关行业的专业人士对于各种事件辩论、研究的演讲。

宗教演讲

在宗教国家中，宗教演讲是人们日常生活中非常重要的一个组成部分，它的目的是规范人们的行为。

从演讲的表达形式上分类

命题演讲

命题演讲，就像学生们的命题作文。演讲者不能随心所欲地按照自己的意愿来演讲，只能根据别人拟定的题目或演讲范围演讲。

给定的演讲题目，有些正好适合演讲者，这样演讲者演讲起来会很得心应手，但是对于一些演讲者不熟悉或者不太涉及的题目，演讲者就要经过一定时间的准备后才能演讲。

命题演讲包含两种形式：全命题演讲和半命题演讲。

全命题的演讲题目大多是由组织演讲的单位指定的，通常多是为某些活动准备的，所以它主题鲜明、针对性强、内容稳定、结构完整。

半命题演讲给予演讲者的自由要大得多，这种演讲只是划定了一个大概的范围。在这个范围内，演讲者可以根据自己的喜好再细致划分。

即兴演讲

即兴演讲是指演讲者在毫无准备的情况下，因为一些临时突发的情况，主动或者被动发表的演讲。当我们面对一些场面、情境、事物、人物时，经常会产生发表演讲的冲动，如婚礼祝词、欢迎致辞、丧事悼念、聚会演讲等。

这样的演讲因为没有详细的准备，在逻辑上难免会有所缺失。所以，它要求演讲者要紧扣主题，抓住由头，迅速组合，言简意赅。

论辩演讲

最常见的论辩演讲就是辩论赛，因为有人与人的互动，所以要求演讲者具有非常强的应变能力和逻辑性。在某些方面和即兴演讲有些相似，但是它比即兴演讲更难些，因为它要求演讲者不但要有即兴演讲的能力，还要同时能应对各种提问和质疑。

第二部分

演讲的技巧

演讲语言的规范

演讲语言六大准则

准则一：说话一定要准确

说话的目的就是要让别人听懂，这是对说话最基本的要求。如果一个人说的话别人听不懂——语言不准确或者意思表达不清楚，就不能反映出他的真实面貌和思想，听众也就不能理解和接受，结果不仅会带来不少麻烦，还会引起无法挽回的误会。

在遇到这种情况时一定要慎重处理，切勿模糊不清，否则它会成为你与人沟通的障碍，甚至会得罪人。

一个说话准确的人，可以准确、流利地表达出自己的意图，也能够把道理说得很清楚、动听，使别人乐意接受。当然，说话能够做到雅俗共赏是最理想的，那将使你拥有更多的听众。但无论如何，为了准确传达你的信息，应尽量不说有歧义的话。

从语言上来讲，说话要通俗易懂。如果听众不是专家学者，应改用浅显、平易、朴实的语言，少用专业术语，更不可咬文嚼字，故作高深，否则无异于在难为听众。如果听众是具有较高文化素养的人，语言可以稍微文雅些，让自己的谈吐适应他们的水平。由此可见，准确地把你的意思表达出来，是与他人交流的语言基础。

准则二：说话要尊重对方

尊重原则就是说话之人所表达的言辞要能尊敬、重视接受者以及与接受者有关的人，而不能以侮辱、歧视、损害人的态度说话。

汉代徐干的专著《中论·贵言》提出："君子必贵其言，贵其言则尊其身，尊其身则重其道，重其道所以立其教。"晋之葛洪也说："伤人之语，有剑戟之痛。"事物都是相辅相成的，你尊重别人，别人才会尊重你。俗话说，你敬我一尺，我敬你一丈，就是此理。你不尊重别人，别人也不会尊重你，结果，彼此都不沟通、不合作，显然达不到交际的目的。

尊重原则，在下级对上级、学生对老师、孩子对父母这些方面，是容易做得到的。但反过来，就不那么容易了。因为他们彼此间存在着一种身份地位的不平等，稍不注意，就会表现出不尊重的色彩。这一点，我们应该认真对待。

准则三：说话必须有修养

众所周知，美国出色的政治家富兰克林的口才很好，事实上，这和他十分重视语言修为有很大关系。早年的富兰克林曾做了一张表，上面列举出各种他自己要改善的品德。经过几年的实践，他取得了相当大的成就。可是，他又找出了一件和谈话艺术有极大关系且应该实践的美德。我们来听听他的自述吧。

"我在自我完善的计划里，最初想做到的有十二种美德。但有一个做教徒的朋友，有一天对我说大家都认为我太自傲了。当辩论一个问题时，我不但固执地坚持我自以为正确的主张，而且有些轻蔑别人的样子。我听了他这话，立刻就想改正这种缺点，因而我在表格的最后一行加了'虚心'这一条。

"这样不多久，我发觉态度改变后，我获益颇多。因为事实告诉我，无论我在哪里，若陈述意见时用谦虚的方式，人家容易接受而绝少反对；说错了话，自己也不至于窘迫。

"在我改正的过程中，起初的确用了很大的毅力来克服本性，严守'虚心'这两个字；但后来习惯渐成自然，数十年来恐怕很少有人见过我显露骄傲之态吧！

"这全是我的行为方式所致。但此外，在我改善这个习惯的过程中，我更能处处注意到谈话的艺术。我时常提醒自己，别去做一个雄辩者，因而我和人谈话时字眼的选择常常比较迟疑，技巧也时常有意愚拙，不过结果是我仍然什么意思都可以表达出来……"

言语能力并非人天生的本能，而是后天练习的结果。口才的完善是在很长一段时间内思想、语言行为、仪态、情绪等各个方面综合磨炼的过程，也是内在修养的过程。因此，我们要注意说话的艺术，努力从以下几个方面去提升说话的魅力。

1. 尊重他人的意见

说话是人的思想的反映，尊重他人的意见，就如同尊重他这个人。但有些人为使自己的意见突出，引起他人对他谈话价值的充分认同，常常不自觉地对他人的意见加以贬低、否定，结果引发了对方的不满和对抗，自己的意见不仅未得到重视，还遭到冷落和否定，自己的形象也受到贬损。有些善于说话的人，在发表己见时，会采取相反的态度，他们会巧妙地从不同角度对已发表出来的意见加以肯定和褒扬，甚至采取顺势接话、补充发言的方式陈明己见，这样就会使别人保持一个积极良好的心态倾听他们的高论，他们的意见圆满发表了，他们的风格也显示出来了。

2. 不与他人抢话争话

自己有真知灼见希望尽快发表出来，这种心情是可以理解的。但你同样也要给他人发言的机会，不能在他人侃侃而谈时，硬是打断他人的话，让自己一吐为快；或者他人正欲发言时，你捷足先登，把他人已到嘴边的话硬是挤回去，让自己畅所欲言。发表己见首先应具备的修养就是耐心，待他人充分发表了意见之后，或轮到你时，你再发言也不迟，这不仅不会减轻你发言的分量，还会调动大家的情绪。

3. 不说侮辱性话语

说到口才修养，不得不提口德，"德"可以说是口才的灵魂。生活中，有些词语我们应尽可能避而不用，尤其是有关生理特点的，如胖猪、矮冬瓜、瘸子、聋子等；关于身份的，如乞丐、私生子、拖油瓶、妓女、白痴……

一个注重言语修为的人，一个有益于他人的人，自然易于为他人所接受，他的话也就有可能被别人奉为圭臬。"文如其人"是从写作角度说的，我们也完全有理由说"言如其人"。专注力、耐受力、进取心等品质，也将使你更具个人魅力，使你的话语更富有内涵。

在与人交往时，口才是非常重要的才能，但仅仅靠口才是不够的，更重要的是一个人的修养。

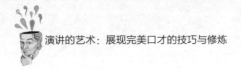

准则四：说话要讲究规矩

说话必须符合一定的语言规矩。它是指说话之人在交际过程中，必须遵守语言规范的要求，不能表达混乱、不完整，词不达意，让人不知所云。

语言的规矩主要包括两方面。

1. 语音清晰准确

说话之人要表达什么，必须不含混、不模糊，要清清楚楚、明明白白，让接受者一听就懂。这样，表达才有作用，交际的目的才能实现。

做好以下三点，有助于达到语音清晰准确的要求。

（1）与非本方言区的接受者交谈，最好不要用方言。我国地域辽阔，各地语言千差万别。如果都属北方方言区域，交流基本没有问题。而其他区域就有些麻烦，像长沙、南昌、上海、广州、福州、宁波等城市的人，与外区域的人交谈就存在比较大的问题。

（2）遇到容易产生歧义的读音，应予以适当解释。

（3）一些关键字词，应尽量说得慢一些，说快了、急了，容易产生声音共振而使语音含混，让人听不清楚，或产生误听。

2. 语句通顺明了

主要指前后用词协调准确、意思完整，不多余、不错乱等。要做到语句通顺明了，以下两点应该注意。

（1）不生造词语

生造，是指按照自己的意愿杜撰、编造出谁也不懂的词语。虽然词语在人民群众的交际实践中不断发展、丰富，但它的产生应有一定社会基础，必须经过一段时间的运用，为交际区域的群众所接受才行。绝不是任何人都可以随便生造的。像近年来出现的"尬聊""打call"等已被人们熟悉，用于言辞交际当然可以。但如果有人说："我来迟了，实有抱惭。"其"抱惭"就是生造。何不用通俗的"抱歉"或"抱愧"呢？

（2）符合习惯要求

习惯是人们在长期的社会生活中逐渐形成的规矩、风尚，虽然有些从逻辑或语法的角度看并不规范，但既然已经在长期的社会生活中形成，就应当按约定俗成的原则来处理。比如"打"，其词义一为用手或器具撞击物体——打人、打鼓；一为发生与人交涉的行为——打官司、打交道；一为制造——打毛衣、打镰刀，等等。但"打的""打工""打瞌睡""打酱油""打折扣""打圆场"之"打"，就无上述意义。使用这些词汇时，只能大家都按习惯办。还有像"打扫卫生""救火""养病""晒太阳"之类的，也属此种情况。

由于国别、民族、地域、信仰等差别，习惯要求也不一致。表达者需要入乡随俗，使自己的言辞合于接受者的习惯，否则就要出差错、闹笑话。

准则五：说话也要讲分寸

"分寸"二字无处不在，日常生活中，不管是说话、交往，还是办事，时时处处都暗藏着分寸的玄机。如果一个人在社会上不会把握分寸，就说不好话，办不好事，更不用说愉快地与人交往了。

综观古今，凡是有作为的人，都把说话讲分寸作为必备的修养之一。什么是分寸？从一定意义上说，分寸是一种不偏不

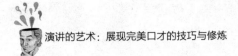

倚、可进可退的中庸哲学。但中庸之道很抽象，不足以恰当地把握其中的内涵，而分寸之道，却是一种被形象化了的尺度，更易于让人明确地把握，具有可为人所用的实际操作性。

通常所说的"掌握火候""矫枉过正""过犹不及""欲速则不达"等讲的都是分寸的问题。一方面，话说不到位不行。说不到位，可能使别人悟不明白、理解不透、琢磨不出你的真实用意，你提出的想法或要求也不会被人重视和接受，最后非但事情办不成，还常常被人瞧不起，这样怎么能换取别人的欣赏与亲善呢？怎么能赢得别人的友谊和器重呢？另一方面，话说得太过头不行。要求太高，言辞太尖刻，让人听了觉得不愉快，认为你不识大体、不懂规矩、不知好歹。这样的人常常被人敬而远之，也同样无法与人正常交往。还有一个方面，就是话说得不巧妙不行。太憨实，有时会招来嗤笑；太絮叨，有时会招来反感；太直露，有时会招来麻烦；太幼稚，有时会令人瞧不起。

懂得讲话技巧的人，能把一句原本并不十分中听的话，说得让人觉得舒服。有一位著名企业的总裁，当他要属下到自己办公室时，从来不说："请你到我的办公室来一趟！"而是讲："我在办公室等你！"

中国人办事讲人缘，成功靠人缘。没有好的人缘，不知要失去多少成功的机会，干多少事倍功半的事情。人缘靠什么来维护？靠的就是嘴上有分寸。一句话说对了，可能扶摇直上、平步青云；而一句话说过了，则可能"一着不慎，满盘皆输"，毁掉一生前途。因此，要想立足于社会并取得成功，就一定要把握好说话的分寸。

法则六: 说话别踩 "雷区"

"雷区"也就是忌讳,说话时千万不可以踩"雷区"。因为你一旦踩到"雷区",就会引起别人强烈的反感,极易造成交际的失败,也会浪费你的一片苦心。因此,了解他人的"雷区"是在人际交往中左右逢源、游刃有余不可忽视的环节。

"雷区"主要有生理和心理两种。

1. 生理 "雷区"

一些有生理缺陷的人都会对自己的生理缺陷非常敏感,因此在与这类人交往时,要特别谨慎。不要对秃顶的领导说:"你真是聪明绝顶。"也不要对胳膊有残疾的领导说他"两袖清风"。也尽量不要当着腿脚残疾的人说"我佩服得五体投地"之类的话。这样会使他们感觉不舒服,其至会使一些有生理缺陷的人误以为你有意嘲笑他们。一般来说,生理缺陷比较容易发现,只要稍加留意便可避免踩"雷区"。

2. 心理 "雷区"

心理"雷区"往往是由某些人的一些特殊经历所导致的,那些不愉快的记忆隐藏在人们的心中,便会形成一种忌讳。

在与朋友相处时,有时会因为二人关系亲密,习惯成自然,对对方的忌讳满不在乎,结果往往使朋友陷入尴尬的境地,有时甚至会致使感情破裂。

在与他人交谈时,应该对交谈对象的一些忌讳有所了解,千万不要自讨没趣地往"雷"上踩。

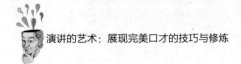

演讲时的五种不良习惯

当今世界，有不少领袖、企业家、名人凭借口才名震一时的佳话。懂得如何说话已经成为个人综合能力的重要标志，成为个人在社会上生存的重要能力之一。在生活中，通过出色的语言表达，可以使陌生的人产生好感，变成朋友；可以使相互熟识的人之间情更浓，爱更深；可以使有意见分歧的人互相理解，消除矛盾；可以使彼此怨恨的人化干戈为玉帛，友好相处。

如果你的脸上长有疤痕，你可以从镜中窥见，可以使用化妆品或药品加以治疗弥补。谈吐有缺陷也同样可以去除，但前提是，你必须发现自己的这些缺陷。如果你使用一面镜子，可以从镜中看出：你是否手势过多，是否翘起嘴角，是否表情难看，是否过于冷漠、紧张、僵硬，是否强抑声调，是否说话时唇角纹丝不动。

以下几点是说话中常见的缺陷，你可以检查一下自己是否具有这些缺陷，有则改之。

1. 使用鼻音说话

用鼻音说话是一种常见且影响极坏的缺点。当你使用鼻腔说话时，你就会发出鼻音，就是你用手指捏住鼻子所发出的声音。在电影里，如果演员扮演的是喜欢抱怨、脾气不好的角色，他们往往使用的就是鼻音说话的方式。

当你第一次与人见面时，如果你使用鼻音说话，就很难吸引他人的注意。因为你的声音听起来像在抱怨，毫无生气，十分消极。你说话时如果嘴巴张得不够，声音也会从鼻腔出来。因此当你说话时，上下齿之间最好保持半寸的距离。

鼻音对于女人的伤害比对男人更大，你不可能觉得一位不断发出鼻音的女人会显得迷人。如果你期望自己在他人面前具有极大的说服力，或者令人心荡神移，那么你最好不要使用鼻音，而应使用胸腔发音。

2. 使用过尖的声音

当我们受到惊吓或者感到恐惧时，当我们大发脾气时，当我们呼唤孩子时，往往会提高嗓门，发出一种尖锐的声音。女人尤其如此，这也许是因为她们整日面对着无数的刺激。

尖锐的声音比沉重的鼻音更加令人难以忍受，会使人们听见你的声音马上就避而远之。你可以通过镜子发现自己的这一缺点，你说话时脖子是否感到紧张？血管和肌肉是否像绳索一样凸出？下颌附近的肌肉是否看起来明显紧张？如果出现上述情形，你可能就会发出像海鸥一样的声音。

3. 爱讲粗话

俗话说，习惯成自然。随便什么事情，只要成了习惯，就会自然地发生。讲粗话也是如此。一个人一旦沾上了讲粗话的习惯，往往会出口不雅，但自己并不知晓。习惯是长期条件反射累积的结果，因此要改变这一习惯，就需要中止原有的条件反射，努力建立新的语言习惯。

（1）要认识到讲粗话是一种坏习惯，是不文明的表现，要从思想上强化克服这种习惯的动机。实践表明，动机越强烈，行动的决心越大，效果也越明显。

（2）找出出现频率最高的粗话，集中力量首先消灭它。可以通过改变讲话频率、每句话的末尾停顿一下、讲话前提醒自己等办法，改变原有的条件反射。出现频率最高的粗话被消灭了，其他粗话的克服也就不难了。

（3）要有实事求是的思想准备。习惯的形成不是一朝一夕的事情，它的克服当然也要待以时日，不可能在一两天内把长久以来形成的习惯迅速改掉。有时，讲话中仍然漏出几句粗话，也是在所难免的。如果要求一下子把所有的粗话统统改掉，反而会因难以办到而感到失望，动摇克服讲粗话习惯的信心。

（4）请别人督促。由于有时自己讲了粗话还不知道，因此请别人督促就能起到提醒、检查的作用。督促还有另一层心理意义：造成一种不利于原有条件反射自然发生的外界环境，以促进旧习惯的终止。当然，这里的"别人"最好是了解自己的人，这样他可以直截了当地指出你的粗话。

4. 说话"结巴"

"结巴"是口吃的通称。口吃就是说话时字音重复或词句中断的现象。

有些人在运用语言进行交流时会出现"结巴"的情况。其实，"结巴"产生的原因是多方面的。

"结巴"对于极个别的人来说是一种语言障碍，这类人也被称为口吃患者。要想治愈他们的"结巴"，除了药物治疗，更重要的是消除他们的心理障碍。

对待他们，首先，不可以取笑，更不能以此逗乐。其次，要努力创造条件，不断变换方式，消除其自卑心理，培养其说话的兴趣。例如，我们可以有意识地和他们交谈，并且要态度和蔼，放慢速度，耐心倾听，不时加以赞赏。我们还可以请他们说一些亲身经历或耳闻目睹的事，这样会增强他们说话的信心。最后，有口吃的人不能一味被动地依靠外部力量，还要不断主动训练自己。

日本前首相田中角荣少年时就是个口吃患者，为了克服这个障碍，他常常朗诵、慢读课文，为了准确发音，就对着镜子纠正口形，后来他成了一个著名的政治家、演说家。有口吃的人不妨试一试田中角荣的方法，只要坚持不懈并保持良好的心态，相信一定会取得好的效果。

5.惯用"口头禅"

在我们平常与人讲话或听人讲话时，经常可以听到"那个、你知道、他说、我说"之类的词语，如果你在说话中反复地使用这些词语，那就是你的口头禅。口头禅的使用，即使是一些伟大的政治家也难以避免。

有时，我们在谈话中还可以听到不断的"啊""呃"等声音，这也会变成一种口头禅，请记住奥利佛·霍姆斯的忠告——切勿在谈话中散布那些可怕的"呃"音。

如果你有录音设备，不妨将自己打电话时的声音录下来，听听自己是否有这一毛病。一旦弄清楚自己的毛病，那么在以后的演讲中就要时时提醒自己注意这一点。当你发现他人使用口头禅时，你就会知道这些词语是多么令人烦躁、多么单调乏味了。

演讲前的语音训练

朗读能力

所谓朗读就是朗声读书，朗读要求朗读者语言清晰、声音洪亮、富有感情色彩。作为一项口头语言的艺术，朗读需要创造性地还原语气，目的是将平板的书面文字转变为丰富多彩的听觉语言。

朗读的作用

朗读可以培养人们的情趣，可以给人们一种身临其境的感觉，富有韵律的朗读可以深切地撞击人们的心灵。同时，朗读可以培养人们的审美。一篇文章，通过人们声情并茂的朗读，可以生动地为人们描绘出文章中的场景。

有一句话是这样说的，"一千个人眼中有一千个哈姆雷特"。这是因为不同的人有不同的思想和观点，所以在朗读时，根据不同的理解，区分语气的轻重、语调的高低、语速的快慢，加上情感的起伏迂回，就形成了或是铿锵有力、或是婉转缠绵、或是辗转回环、或是一泻千里的语言风格。这样，朗读就最大限度地调动了听众的听觉，叩击了听众的灵魂，拨动了听众的心弦。

朗读还可以激发人们的情感，使听众产生强烈的共鸣。我们可以通过朗读来抒发与宣泄自己的感情，将静态的无声的文字转换成动态的有声的各种情景，从而激发听众的感情，将听众和读者的情感交融在一起。

朗读是作用于人们听觉的一种形式，它虽然不能像影视作品一样直接作用于人们的视觉，但也正因为这样，才给予了听众丰富的想象。

朗读的基本要求有以下几点。

1. 深入地理解作品

（1）理解作品的内容。

（2）把握作品的结构。

2. 字音正确

（1）认读生字。

（2）纠正方言。

（3）按字定音。

（4）读出音变。

3. 把握作者在作品中所要表达的情绪

（1）关切：天冷了，多穿点衣服，别感冒了。该句需要语句流利，语调自然。

（2）烦躁：讨厌，离我远点。

（3）热情：老王，干吗去了，中午一块儿吃饭吧。

总之，朗读时一定要注意把握作品中所要表达的情绪，投入真情实感，才能引起听众的共鸣。

4. 用语言表达感情

设身处地地将作品中所要表达的感情利用生动形象的语言

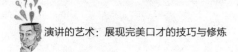

表达出来以打动观众。

5.准确使用内在语

（1）和文字描写一致的内在语

"在古老的神州大地上，有一座现代化的汽车城、科技城、纺织城——湖北省襄阳市。它有着古老而优秀的传统文化。古隆中、鹿门寺、米公祠，无不展示着襄阳古代文化的灿烂与辉煌。"

这句话所讲的汽车城、科技城、纺织城，古隆中、鹿门寺、米公祠，既表现了襄阳市的科学技术和经济快速发展的景象，也展示了襄阳古代文化的灿烂与辉煌。朗读时，应当注意体会这段文字描写的内在语，表现出对襄阳的肯定与赞美之情。

（2）和文字描写不一致的内在语

"奶奶把小女孩抱起来，搂在怀里。她们俩在光明和快乐中飞走了，越飞越高，飞到那没有寒冷、没有饥饿，也没有痛苦的地方去了。"

这句话表面上是在讲奶奶和小女孩去了一个没有寒冷、没有饥饿，也没有痛苦的地方，实际上是在讲奶奶和小女孩食不果腹、衣不蔽体，最终痛苦地离开了人世间。朗读时，应当注意体会这段文字描写的内在语，用深沉而非轻快的语调，表现出对奶奶和小女孩的怜惜之情。

（3）把握感情基调

朗读时应当准确把握演讲稿所表现出的或昂扬有力、或坚定深沉、或喜悦明快、或悲愤凝重、或愁思满怀、或豪放舒展、或清新细腻的感情基调。

朗读中常见的问题

每个人都渴望能舌灿莲花、口若悬河，可是怎样才能做到呢？这个问题不是简单的三言两语就能说完的。造成语言不流畅的原因很多，比如口讷、口吃、思维逻辑混乱等，但是这些障碍都是可以解决的，只要我们了解清楚造成语言不流畅的根本原因，就可以消除语言不流畅的阻力。

1. 口讷

人人都希望自己语言流畅，出口成章。但不少人在人前讲话却十分费力，说出的话结结巴巴，思想也支离破碎。正如俗话所说，"茶壶煮饺子，肚里有货，嘴里倒不出来"，这种现象叫作"口讷"。

从心理学角度看，口讷的原因主要有二：一是口语的自动化程度较差；二是意识对语言活动的监控失当。言语包含着无意动作，也叫自动动作。我们平常说话并不需要去思考口唇、舌头、喉部如何活动，呼吸怎样调节，口腔怎样共鸣，只要想好了要说的内容，发音器官就会自动发出适宜而连贯的有声语言来。人的很多行为都是这样，琴师只看乐谱，手下便飞出悠扬婉转的曲调；打字员只看文稿，手指就能按到正确的字键。习惯成自然，动作经多次重复达到熟练之后，不需要进行更多的思考，便能自发地进行，这就是高度的自动化。

如果缺少正确而充分的训练，没有养成言语自动化的技能，口语表达就难以流畅。言语活动是一种高度自主的思想和情感活动，选择哪些词语和句式来表达，声音高低和语速快慢的调节等，都需要高度灵活的意识监控。高度的自动化和高度灵活的意识监控是相辅相成的，是言语活动顺利进行的两个必

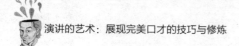

要条件。高度的自动化使意识得到解放。

口讷的人多属于羞怯型。他们过分注意别人的评价，过分注意自己言语活动的细节，对自己说话过程中出现的失误尤其敏感。这种太强的得失意识，往往干扰语言自动化的实行，造成表达的困难。你越是集中精力注意自己说话的动作，你的嘴就会越发紧张得不听使唤。

口讷的毛病是能够矫正的。矫正的途径是进行科学的训练，提高口语的自动化程度和意识监控的灵活性。按下述几点建议做，会对你有所帮助，使你消除说话紧张、语无伦次的现象。

其一，平日说话时尽量保持冷静，放慢速度，等一句完整的话想好了再张口。其二，坚持练习朗诵，最好找一些易上口、易记、接近日常用语的优秀散文作品，经仔细品味后反复朗读，直到倒背如流为止。长期坚持下去，不仅可以丰富口语词汇和增强表现力，还能养成言语流畅、出口成章的习惯。其三，多参加歌唱、演讲等活动，多露面，以克服羞怯心理，增强自我意识的耐受性。

2.思维逻辑混乱

现实生活中常常有人由于缺乏必要的语法修辞知识，又不注意逻辑思维的训练，导致说话时前言不搭后语、条理不清、逻辑混乱，因此逻辑思维不清也是语言不流畅的一大原因。这种词不达意的言语，不但使对方听着吃力，而且会阻碍交往的进程和深度，影响良好人际关系的建立，本人也会因此感到烦恼。要纠正这个毛病，应努力做到以下几个方面。

（1）多学习，勤实践，讲实效。除了看一些必要的语法、修辞和逻辑方面的书籍，报纸杂志上的好文章也在学习之列。

多看多读能培养语感，加强对语言的自发控制力。另外，平时应注意语言实践，多听、多说、多练，这样能够提高语言的敏感度、清晰度，增强语言材料的丰富性、逻辑性。

（2）有准备地发表自己的看法。说话前，特别是在叙述一件复杂的事情或者阐述某个观点，或者驳斥某种论调前，最好先在脑子里打一遍"草稿"——先思考，后表达，分层次，讲条理，这样就会使言语的逻辑性大大提高。对那些可长可短的话题，要力求简短，对可有可无的铺垫话语，则尽量不说。言简意赅，反而能发人深省。

语言的逻辑性，来自缜密的思考。这就需要把握问题的前因后果，对问题有独到的见解，观点鲜明，中心突出，层次清楚，摆事实讲道理来论证自己的意见，使人心悦诚服。

（3）克服紧张、焦虑、恐惧情绪，保持一个良好的心境。谈话时态度沉着、镇定自若地阐述自己的看法，就会使语言自然亲切、流利透彻，使人在不知不觉中接受你的观点。

总之，要增强自己口头表达的逻辑力量，应注重在实践中不断锻炼。在谈话过程中发现漏洞，可以及时采取措施加以补救。

另外，要做到语言流畅，是不允许语病出现的。常见的语病有以下几种。

（1）表述简略。表现为本人自认为表述完毕，而听者却不知所云。即使对于话题有一定深度的认识，也找不到话说，不得不三言两语结束。

（2）口齿不清。这里指语言功能正常但"口齿不清"，这种现象与过去缺乏训练有关。在口语表述时心里紧张，加之原本就不习惯朗声说话，结果难免使人感到口齿不清。这种情况

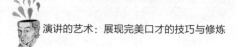

纠正起来并不困难，只要有意识地加强朗声阅读和当众表述的训练即可。

（3）表述散漫。其特点是表述时把握不住中心，东拉西扯，而且越说越远，甚至到后来连自己都不知道最初的话题是什么。这种现象产生的根源在于思维机制的主控功能不强，表述中思维运动的主方向不能紧扣话题向前延伸，在交际中很容易被非主题因素干扰。如果不注意改正，就很难成为口语交际的高手。

（4）语不连贯。同一话题有时可以看作几个子话题和分话题，话题的完整表述应该由各个分话题的完整表述综合而成。而"不连贯"性则表现为多个分话题表述得不完整。

（5）赘言过多。赘言占据了表述时间，干扰了信息交流。语言交际主要依靠表述内容，而赘言与表述内容之间没有必然的联系，是交际时从语言表述的"外部"强加上去的。它对于信息交流具有某种阻隔作用，直接影响交际效果。

（6）节奏过慢。即通常所谓的"拉长腔"。还有就是语句之间停顿时间过长，即所谓"半天说一句"的情况。有人觉得语言表述时间长、速度慢，显得庄重稳健，能增加语言分量。其实，这是一种错觉。

综上所述，语言交际中的种种语病主要是由下面几种原因导致的：表述时思维机制的主控功能不强，思维运动与发声运动表现为一种"不同步性"；表述时发声器官运动乏力，且思维速度偏慢；表述中因紧张而导致的心理障碍。

纠正语病的办法主要是接受系统的口语交际训练，多做朗声表述训练。在训练初期，可以多做有文字底稿依托的朗声表述，这样有助于养成"先想好了再说"的习惯，有助于强化表述时思维机制的主控功能，有助于实现思维运动与发声运动的同步性。

朗读的基本技巧

朗读的基本技巧包括停连、重音、语气、节奏四个方面，它们各有侧重，互相区别，又具有共性，互相沟通。

1.停连

为表情达意所需要的声音的中断或休止，"当断不断，反受其乱；该连不连，语义难全；有断有连，方能扣人心弦"。

停连的一般规律。

（1）必须根据作品内容和具体语句安排停连，并以思想感情的运动状态为前提，不能乱停乱连。

（2）必须从读和听双方面的需要考虑停连，读虽然是主导方面，但不能随心所欲。

（3）标点符号是重要参考，但无须因此而束手束脚。标点是为看而设的，停顿和连接是为了听，要敢于突破。

（4）一般来说，句子越长，内容越丰富，停顿就越多；句子越短，内容越浅显，停顿就越少。感情凝重深沉时，停顿较多；感情欢快急切时，连接较紧。

（5）只要有两个词相组合，就有停连问题。停顿时间长，表示组合关系松动，或统领其后，余味较长；停顿时间短，表示前后关系较紧密，或受制于前，或要求速进。

（6）停顿必须同重音、语气、节奏一起共同完成朗读的音声化再创作，永远不是单独起作用的。

停顿位置和时间的确定，主要考虑区分语意、表达感情、表示强调。

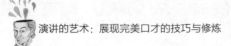

根据停连的位置和时间，停连被划分为10类。

（1）区分性停连——"最贵的一张值800美元""她看到儿子有些奇怪，就对他说：'这是粮店的刘同志。'""我和哥哥拿着叔叔帮我们做的风筝，高高兴兴地来到体育场。"区分运用停连技巧后，词语关系是趋于明确、正确，还是变得模糊、错误，就是运用区分性停连的关键。

（2）呼应性停连——"我们必须强调学习马克思主义理论的重要性。""他当过演员，在大学里教过书，还干了几天电工。""总之，我们要拿来。我们要或使用，或存放，或毁灭。"

（3）并列性停连——"在我国发现的中国猿人、马坝人及山顶洞人，分别属于猿人、古人和新人。""一个夏天，太阳暖暖地照着，海在很远的地方奔腾怒吼，绿叶在树枝上飒飒地响。"

（4）分合性停连——"这些石狮子，有的母子相抱，有的交头接耳，有的像倾听水声，千态万状，惟妙惟肖。""可别恼。看，像牛毛，像花针，像细丝，密密地斜织着，人家屋顶上全笼着一层薄烟。"

（5）强调性停连——"森林爷爷的脚伸在很深很深的泥土里，任凭风魔王怎么摇，他还是稳稳地站着。""要知道，给永远比拿愉快。""自古称作天堑的长江，被我们征服了。"

（6）判断性停连——"世间一切事务中，人是第一个可宝贵的。""大家就随着女教师的手指，齐声轻轻地念起来：'我们——是——中国人；我们——爱——自己的——祖国。'"

（7）转换性停连——"清早出发的时候，天气晴朗暖和，没想到中午突然刮起了暴风，下起了大雪，气温急剧下降。"

（8）生理性停连——特定的语噎、哽咽、生命垂危时的叮咛、个别人物的口吃等，运用时要给以象征性的表现，点到为止。"这时候，他用力把我往上一顶，一下子把我甩在一边，大声说："快离开我，咱们两个不能都牺牲！……要……要记住革命！'"

（9）回味性停连——"只见灵车去，不见总理归。""然后他待在那儿，头靠着墙壁，话也不说，只是向我们做了一个手势："散学了，——你们走吧。'"

（10）灵活性停连——在语意清晰、语言链条完整、思想感情运动状态活跃的基础上，常常运用灵活性停连，或移动停顿位置，或延长、缩短停顿时间，或增多、减少连接，属于不违原作的技巧性处理，给人以新鲜活泼的感觉。"我已经说过：我向来是不惮以最坏的恶意来推测中国人的。但这回却很有几点出乎我的意料。一是当局者竟会这样凶残，一是流言家竟至如此之下劣，一是中国的女性临难竟能如此之从容。"

2. 重音

在朗读中需要强调或突出的词或词组，或者某个音节，叫重音。即一句话中听起来格外清晰、吸引人之处，是句子精华所在，也就是语句目的所在。

停顿和连接，解决了作品内容构成的分合；重音，则要解决作品内容中词语关系的主次。

（1）并列性重音："古时候，有个人，一手拿着矛，一手拿着盾。"

（2）对比性重音："骆驼很高，羊很矮。"

（3）递进性重音："竹叶烧了，还有竹枝；竹枝断了，还有竹鞭；竹鞭砍了，还有埋在地下的竹根。""天空变成了浅蓝色，很浅很浅的；转眼间天边出现了一道红霞，慢慢儿扩大了它的范围，加强了它的光亮。我知道太阳要从那天际升起来了，便目不转睛地望着那里。""他是谁呢？"

（4）比喻性重音："月光如流水一般，静静地泻在这一片叶子和花上。"

（5）转折性重音："其实地上本没有路，走的人多了，也便成了路。"

（6）强调性重音："乌鸦听了狐狸的话，得意极了，就唱起了歌来。""他就是我的老师——大谦。"

（7）拟声性重音："雨哗哗地下着。""会场上响起雷鸣般的掌声。"

（8）肯定性重音："这样气魄宏大的工程，在世界历史上是一个伟大的奇迹。""我是中国人。"

（9）反义性重音："他们说中国是一个贫油国家。"

3. 语气

指朗读时所包含的思想感情和具体的声音形式。朗读学实际上是语气学。

语气有具体的思想感情色彩，喜、怒、哀、乐、爱、恶、惧，等等。

爱——柔和缓慢——"亲爱的，我想你了。"

憎——气势强硬——"你欠我的钱什么时候能还。"

悲——缓慢低沉——"我亲爱的奶奶，在那年的冬天去世了。"

喜——高亢响亮——"今天是我儿子的状元宴，大家一定要尽兴啊。"

惧——急促尖锐——"把那条蛇拿开，快一点。"

急——气短声促——"快跑，火车要发了。"

冷——气少声平——"我对你已经是绝望了，我不想再见到你了。"

怒——气粗声重——"你怎么能做出这么丧尽天良的事情？"

语气的丰富多彩决定了其声音形式的千变万化，具体的色彩要通过具体的声音形式表现出来，总体要求是：从内容出发，以准确、具体的思想感情作为依据，通过声音的高低、轻重、快慢、虚实、明暗、刚柔等的对比，达到朗读目的。如下面的例子。

那是力争上游的一种树，笔直的干，笔直的枝。它的干呢，通常是丈把高，像是加以人工似的，一丈以内，绝无旁枝；它所有的丫枝呢，一律向上，而且紧紧靠拢，也像是加以人工似的，成为一束，绝无横斜逸出；它的宽大的叶子也是片片向上，几乎没有斜生的，更不用说倒垂了；它的皮，光滑而有银色的晕圈，微微泛出淡青色。这是虽在北方的风雪的压迫下却保持着倔强挺立的一种树！哪怕只有碗来粗细罢，它却努力向上发展，高到丈许，二丈，参天耸立，不折不挠，对抗着西北风。

这就是白杨树，西北极普通的一种树，然而决不是平凡的树！

它没有婆娑的姿态，没有屈曲盘旋的虬枝，也许你要说它不美丽，——如果美是专指"婆娑"或"横斜逸出"之类而言，那么白杨树算不得树中的好女子；但是它却是伟岸，正直，朴质，严肃，也不缺乏温和，更不用提它的坚强不屈与挺拔，它是树中的伟丈夫！当你在积雪初融的高原上走过，看见平坦的大地上傲然挺立这么一株或一排白杨树，难道你觉得树只是树，难道你就不想到它的朴质，严肃，坚强不屈，至少也象征了北方的农民；难道你竟一点也不联想到，在敌后的广大土地上，到处有坚强不屈，就像这白杨树一样傲然挺立的守卫他们家乡的哨兵！难道你又不更远一点想到这样枝枝叶叶靠紧团结，力求上进的白杨树，宛然象征了今天在华北平原纵横决荡用血写出新中国历史的那种精神和意志。

——节选自茅盾《白杨礼赞》

　　我常常遗憾我家门前的那块丑石。它黑黝黝地卧在那里，牛似的模样，谁也不知道是什么时候留在这里的，谁也不去理会它。只是麦收时节，门前摊了麦子，奶奶总是要说："这块丑石，多碍地面哟，抽空把它搬走吧。"

　　它不像汉白玉那样的细腻，可以凿下刻字雕花，也不像大青石那样的光滑，可以供来浣纱捶布。它静静地卧在那里，院边的槐荫没有庇覆它，花儿也不再在它身边生长。荒草便繁衍出来，枝蔓上下，慢慢地，它竟锈上了绿苔、黑斑。我们这些做孩子的，也讨厌起它来，曾合伙要搬走它，但力气又不足。虽时时咒骂它，嫌弃它，也无可奈何，只好任它留在那里去了。

　　终有一日，村子里来了一个天文学家。他在我家门前路过，突然发现了这块石头，眼光立即就拉直了。他再没有走去，就住了下来。以后又来了好些人，说这是一块陨石，从天上落下来已经有二三百年了，是一件了不起的东西。不久便来了车，小心翼翼地将它运走了。

　　这使我们都很惊奇！这又怪又丑的石头，原来是天上的呢！它补过天，在天上发过热，闪过光，我们的先祖或许仰望过它，它给了他们光明，向往，憧憬；而它落下来了，在污土里，荒草里，一躺就是几百年了！

　　……

　　我感到自己的可耻，也感到了丑石的伟大。我甚至怨恨它这么多年竟会默默地忍受着这一切？而我又立即深深地感到它那种不屈于误解、寂寞的生存的伟大。

——节选自贾平凹《丑石》

　　我爱月夜，但我也爱星天。从前在家乡七八月的夜晚在庭院里纳凉的时候，我最爱看天上密密麻麻的繁星。望着星天，我就会忘记一切，仿佛回到了母亲的怀里似的。

　　三年前在南京我住的地方有一道后门，我打开后门，便看见一个静寂的夜。下面是一片菜园，上面是星群密布的蓝天。星光在我们的肉眼里虽然微小，然而它使我们光明无处不在。那时候我正在读一些天文学的书，也认得一些星星，好像它们就是我的朋友，它们常常在和我谈话一样。

　　如今在海上，和繁星相对，我把它们认得很熟了。我躺在舱面上，仰望天空。深蓝色的天空里悬着无数半明半昧的星。船在动，星也在动，它们是这样低，真是摇摇欲坠呢！渐渐地我的眼睛模糊了，我好像看见无数萤火虫在我的周围飞舞。海上的夜是柔和的，是静寂的，是梦幻的。我肩头许多认识的星，我仿佛看见它们在对我霎眼，我仿佛听见它们在小声说话。这时我忘记了一切。在星的怀抱中我微笑着，我沉睡着。我觉得自己是一个小孩子，现在睡在母亲的怀里了。

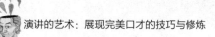

演讲的艺术：展现完美口才的技巧与修炼

有一夜，那个在哥伦波上船的英国人指给我看天上的巨人。他用手指着：那四颗明亮的星是头，下面的几颗是身子，这几颗是手，那几颗是腿和脚，还有三颗星算是腰带。经他这一番指点。我果然看清楚了那个天上的巨人。看，那个巨人还在跑呢！

——节选自巴金《繁星》

这些都是我们耳熟能详的文章的片段，同时也是普通话测试时必考的短文阅读，经常练习阅读这样的文章，不但能够帮助我们提高普通话水平，同时也能帮助我们更好地练习语气。

4. 节奏

指朗读时由思想感情的波澜起伏所造成的声音上的抑扬顿挫、轻重缓急、回环往复的形式。有高亢型、紧张型、轻快型、低缓型、舒展型、凝重型等。

接下来，简要阐明停连、重音、语气、节奏四种技巧的关系。

停连，解决词、词组、句子、段落、层次之间的疏密关系，使语义完整清晰，感情隐现得体。

重音，解决句子、段落中的主次问题，使语言目的明确、重点突出。

语气，把握每一个语句的走向、态势、色彩、分量，是朗读技巧的核心。

节奏，控制全篇语速的快慢疾徐，在回环往复中奠定全篇的基调。

它们不是各自为政，而是一个整体，是有声语言流动中的和声，不能割裂开来，要变为朗读者的习惯，甚至进入"下意识"。

总之，朗读应线索清晰、立意具体、表达细腻、点染得体。要做到有目的、有对象、有内容、有感情。

常用的朗读节奏

朗读要快慢合理，节奏得当。节奏不是外加的东西，它取决于说话的内容和交谈的语境，靠起伏的思绪、波动的情感多层衍进。

人们在说话、朗读和演讲中，速度的快与慢、情绪的张与弛、语调的起与伏、音量的轻与重等的变化对比，就形成了节奏。节奏在口语中起着重要作用。

节奏主要表现人心理的运动变化，不同的口语节奏具有不同的形象内涵和感情色彩。适当的节奏，有助于表情达意，使口语富于韵律的美感，加强刺激的强度。

与口才出色的人谈话简直是一种艺术享受。他们说话时就像一个出色的钢琴家，将语言的节奏当作钢琴的琴键随意指挥，弹奏出一曲动人心弦的"高山流水"。他们对语言节奏的掌握可谓随心所欲。

诵读的节奏主要分为高亢型、紧张型、轻快型、低沉型、舒缓型、凝重型。

1. 高亢型

高亢的节奏声音偏高，起伏较大，语气昂扬，语势多上行，能产生威武雄壮的效果。用于鼓动性强的演说，叙述一件重大的事件。

2. 紧张型

紧张型节奏，往往显示迫切的心情。声音不一定很高，但语速较快，句中不延长停顿。用于重要情况汇报，必须立即加以澄清的事实申辩等。

3. 轻快型

轻快型节奏是最常见的，多扬少抑，听来不着力。日常对话、一般辩论，都可以使用。

4. 低沉型

这种节奏具有低缓、沉闷、声音偏暗的效果。语气压抑，语势多下行。用于慰问、怀念等。

5. 舒缓型

舒缓型节奏，是一种稳重、舒展的表达方式。声音不高不低，语速从容，既不急促，也不大起大伏。说明性、解释性的叙述，学术探讨等宜用这种节奏。

6. 凝重型

这种节奏听起来一字千钧，句句着力。语速适当，既不高亢，也不低沉，次要词语不滑不促。用于发表议论和某些语重心长的劝说、抒发感情等。

以上6种节奏分别用于不同的场合，但又互相渗透，有主有辅，只有适当把握，才能显示出技巧的内在力量。

第三章

演讲词的准备、写作

演讲提纲的撰写

有的演讲者认为演讲就是把写好的作文背诵好就可以了，这其实是错误的。要进行演讲必须要准备好演讲稿。演讲稿不同于一般意义上的作文，有它自己的要求。

初学演讲者往往会人为地割裂演讲稿与演讲的有机联系。他们要么把心思全放在"演"上，只考虑上台后如何去"演"，对演讲稿为演讲服务的重要性认识不足，不愿去撰写演讲稿，或者写了也当成可有可无的道具，这显示出演讲者心态上的浮躁；要么倾尽全力在"写"上下功夫，成语、典故、格言连篇累牍，忽略了演讲稿到演讲之间语体上的有机转换，失去了口头语言应有的通俗、朴素、简短、流畅等特点，失去了演讲的可听性，上台后唯稿是从，不敢改动一个字，结果把演讲变成了"作文朗读"或"作文背诵"。我们认为，作为初学演讲者，不但应认真撰写演讲稿，还应充分把握演讲稿的写作要求，努力达到演讲稿为演讲服务的目的。

演讲提纲是组织演讲稿时一种不可或缺的辅助手段。清晰的提纲可以帮助你掌握自己希望谈论的要点，采用提纲还可以

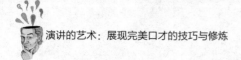

使听众容易记住你演讲的大致内容。

演讲提纲的作用

编列演讲提纲，是演讲前的重要准备工作。提纲常常是临场发挥的重要依据，它编写得好或坏，直接影响到演讲成功与否。所谓编列提纲，实际上就是确定框架，以提要或图表方式列出观点、材料以及观点和材料的组合方式。

第一，它可以确定演讲框架。编列提纲能把演讲的整体轮廓用文字固定明确下来。事实上，编列提纲的过程，正是认识不断明朗化、条理化的过程。通过编列提纲，可以对论题的设想不断加以修改和补充，使构思更为周密、完善。确定了整体框架，演讲者便能做到心中有数、逐层展开，不至于东一句西一句，词不达意。

第二，它可以进一步选材组材。编列提纲的过程，也是进一步选材和组材的过程，是演讲内容逐步具体化的过程。演讲题目、结构层次、典型事例、引文材料，以及其他有关资料都要具体地在提纲中体现出来，在这个过程中必然要对材料做进一步的筛选和补充。

第三，它可以训练思维。编列提纲的过程，是演讲者积极思考的过程。在这个过程中，演讲者必然要认真思考、分析演讲的主题、材料、层次、结构和其内在的逻辑联系，促使其条理化和科学化。因此，这个过程事实上也是培养和锻炼思维的过程。

第四，它可以避免遗忘。编列提纲也是不断熟悉材料的过程，特别是在不用讲稿仅用提纲进行演讲时，提纲更是起着提示启发、避免遗忘的作用，是临时发挥的重要依据。

根据演讲的具体目的、要求，以及演讲者对材料的掌握情况等，演讲提纲的编列可粗可细。演讲内容简单，材料易掌握，可以编粗略些；演讲内容复杂，材料丰富，就要编得详细些。粗略的概要提纲要以极其简练的语言，扼要地列举出演讲的主旨、材料、层次大意等；详细的提纲要求比较具体，基本上是演讲稿的缩影。

撰写演讲提纲的步骤

撰写演讲稿应先拟出演讲提纲，演讲提纲大致分以下五个部分。

1. 标题
2. 内容提要
3. 开场白
4. 正文
5. 结尾

在这里，要注意把握演讲稿的整体结构：标题、副标题分别是什么；论点、分论点有哪些；如何开头和结尾；如何过渡；如何应对可能出现的问题，等等。

演讲稿的基本标准

公众演讲并不需要像作诗或绘画等必须具有特殊的才能，只要掌握了以下五个要领，任何一个能说话的人都可以在公众面前发表演讲。

1. 清楚自己要表达什么

观点简明、表达清晰于演讲是非常重要的，在公众演讲中，如果能自觉地遵循这一原则，你的演讲就等于成功了一半。事实证明，听众往往不可能抓住演讲的全部思想，长篇演讲尤其如此。因此，假如不能用几句实质性的话把所要演讲的观点表达清楚，那么，你的演讲就将是漫无边际的，而更重要的是，如果你自己尚不清楚要说些什么，那么你的听众将更是如坠云雾。

2. 公众演讲以简短为佳

一幕歌舞表演的标准时间一般是12分钟。舞姿优美、歌声悦耳的动性演唱是观众们十分喜爱的。但是，如果演唱时间拖得太长，观众也会感到乏味。你对此有何感想？

美国海军陆战队司令保罗·凯利将军于1987年6月退休，他为此准备了一篇非常出色的告别演讲词。但轮到他演讲的时候，天气十分闷热，凯利于是只简单地说了两句："做海军陆战队司令是最自豪的，我向你们致敬。继续前进吧！"在场的不少听众都说，这是他们所听到过的最精彩的演讲。在当时天气很热的情况下，凯利要是长篇大论地讲一通，恐怕就很难得到这样高的评价了。但这并不是说长篇演讲要绝对禁止，也并不是说长篇演讲都注定要失败，而是说在多数场合，公众演讲还是以简短为佳，时间最好是几分钟。

3. 演讲稿结构要简洁明晰

演讲稿结构的基本要求是协调和谐。"凤头""猪肚""豹尾"的形象化说法，原则上也适用于演讲稿的结构。

演讲稿结构的最大特色是简洁明晰。演讲稿不同于一般供阅读的文章。一般文章读者可以反复阅读玩味，即使结构层次复杂一些，也可以经过分析而掌握。而演讲稿是口耳相传的，口述的信息稍纵即逝，容易与听众的听觉、思维之间出现游离脱节现象。如果演讲结构复杂、头绪纷繁甚至思路混乱，就难以使人理解演讲的内容。为了使演讲收到最佳效果，应尽可能简化演讲结构，尤其是长篇演讲更应该使结构简明化。

（1）把所要讲述的思想、材料进行逻辑分类。对内容的划分尽量明确，防止交叉和互相包容。这是使结构简明化的根本方法。

（2）注明大结构和大纲目的序列号。例如，第一个问题、第二个问题……或（一）（二）……

（3）把纲目的要点用准确的标题语言醒目地呈现出来。演讲稿的头绪清楚、脉络分明，在很大程度上要依赖目录。

（4）在内容层次转换过渡处，多用明转法，少用暗转法。即采用提示语、交代语、承上启下语、前后照应语或小结语等，便于听众把握内容的梗概和轮廓。

演讲稿的写作还要讲究逻辑，具体来说要注意下面几点。

（1）全文应该是合乎逻辑构成的总体。演讲稿总体上的逻辑要求是：概念要明确，判断要恰当，推理论证要遵守逻辑规则和规律。通篇安排应具有内部的必然联系。一篇演讲稿如果在总体上杂乱无章，就很难使听众信服，演讲也就难以收到预期的效果。

（2）注意层次间、段落间、句子间的联系。要正确体现出并列、顺承、分合、选择、递进、转折、假设、条件、因果、目的、排除、推演等种种关系，在这些局部问题上也应该有严密的逻辑关系，做到无懈可击。

（3）要有充分的论证。以说理为主的演讲稿要有充分的论证，特别是提出新颖独特的见解时，更要严密论证。人们不会轻易接受未经论证或论证不严密的观点。

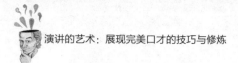

4. 演讲稿的风格要明确

演讲稿的风格主要是指演讲的语言或文学风格。

演讲稿的风格应该尽可能符合听众了解的风格。但一般来说，演讲者可能需要几个在日常说话中不常使用的词语，而这些词语又是听众能够接受的，以增强风格色彩。但是，这种情形应该维持在最低限度，而且如果某个词语讲出来显得很奇怪，或者超过听众平常使用的范围，演讲者就应该提醒大家特别注意，并小心说明其意义。有些时候，演讲者可能会在演讲中使用某些一般人常用的词语，但这些词语在演讲中却具有特殊的意义，这时就必须很慎重地向听众说明应该如何使用这些词语，并且再三地提醒听众这些词语在此处的用法，否则一定会使听众感到很困惑。因此，最好避免使用技术性的词语或艺术名词，并少用带有特殊意义的平常字眼，尤其是对一般听众演讲时。

演讲稿风格的另一规则，可以用两句话来形容：第一，语句应该清楚明白；第二，语句应该不平凡也不艰涩。这两点说起来容易，做起来却不简单。

5. 演讲稿应是有情物

在演讲稿中，情、理最为重要。动之以情，晓之以理，是演讲成功的基石。因此，在演讲稿写作中能否做到入情入理、情理交融是决定演讲成败的关键。演讲稿中的理，通常是反映客观规律的真理，或是高尚人生哲学和伦理道德观念，或是科学文化知识以及获取知识的方法，或是有益于推动社会改革的工作经验等，这些是演讲稿的精髓、灵魂和支柱。

演讲稿中的道理应该给人以新鲜感，最好是听众闻所未闻的。如果所讲的道理听众并不陌生，演讲者就应该做出独到的分析，或者紧密联系实际，以新鲜的材料做出富有意义的阐发。同时，演讲稿还应该是有情物。演讲稿中的情，一是"笔下常带感情"，即笔端渗透着对听众的殷殷深情；二是对所叙述的人、事物以及道理的情感。干巴巴的说教是演讲的大忌，情和理的自然交融尤为可贵。情感有了理性的渗透就不至于泛滥，理性有了情感的萌动就不至于冷漠。许多成功的演讲，无不是情理渗透的结合物，情是有理的情，理是有情的理，两者"合则双美，离则两伤"。

演讲稿材料的收集、整理

收集演讲稿材料的原则

收集材料不是一个茫然混乱的过程，我们要知道什么样的资料适合自己的演讲。如果我们不分青红皂白只是广泛地将自己能看到的信息都收集起来，这虽然能让我们得到大量的资料，但也会加重我们的整理工作，增加我们的劳动量，所以有逻辑、有计划地收集材料才能更好地完成演讲。

1. 为演讲选择充分的材料

所谓选择充分的材料就是尽可能多地把我们能够收集到的材料全部收集起来，这样，我们既能纵向了解事物发生、发展的经过，又能横向了解事物各方面的联系。

在收集材料时，演讲者不但要收集赞同的声音，对于那些反对的声音，与论点相悖的材料，也要大量收集，因为材料越充分，思路就越开阔，论据也就越充分，就越能正确有力地阐明论点，产生令人信服的雄辩力量。特别是学术演讲和法庭

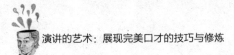

演讲，更要求论据充足，旁征博引。材料不足往往难以言之成理，很难达到预定的目标。

当演讲者在面对听众的反对意见或刻意刁难时，有充足的材料和准备，可以使自己不至于哑口无言，闹出笑话。

2. 材料信息要真实可靠

我们说的真实可靠，是指我们的材料是有理有据可依的，是真人真事，是客观世界真实存在、符合历史实际的。真实是选择材料的出发点，因为只有真实存在、发生过的事情才有说服力，才能够感动人，才最有利于人们形成坚定的信念。所以，选择材料时，要选出最可靠的第一手材料，不能用捕风捉影、道听途说的材料，更不能无中生有、胡编乱造。只有真实的材料才能取信于人。

任意臆造和虚构的材料，势必会与事实发生冲撞，势必会被揭穿。比起因为虚假材料失去信任，不如多花费些时间寻找真实的材料，当然，这同样包括要鉴别材料的真伪。

3. 尽可能选择具有代表性的材料

我们在收集材料时，有时能够收集到几十或者几百个材料，而通常演讲者的演讲时间只有几个小时，因此对一名演讲者来说，从众多的材料中选出合适的材料是最为重要的一个准备工作。真实具有可信度，新鲜具有吸引力，而典型则由于其深刻揭示事物本质而具有代表性。

具有代表性的、典型的事例，在演讲中可以使演讲有较强的说服力、感染力和鼓动性，而平淡无奇和被多次引用的事例则会使听众产生厌倦的心理，使演讲失败。

典型材料与一般材料是相比较而存在的。只有在充分掌握大量材料的基础上，才能从中选出典型材料。要发现典型材料，关键在于演讲者的观察分析能力和思想认识水平。

（1）选择具体的材料。具体，是相对抽象笼统而言的。有些材料虽然真实、新鲜、典型，但由于详略处理不当，尽管讲清楚了来龙去脉，也使人感到"不够味""不解渴"。

出现上述情况的原因往往是忽视了对重点材料的必要渲染。从记叙的诸要素看，常常是对Why（为什么）和How（怎样）交代得不够。如果把Why和How的内容进行较为详细的阐述，做必要的渲染，就会显得具体，给人留下明晰的印象。比如，"他带病坚持工作，最后累倒在车床旁"给人的印象就较笼统。如果进一步把他为什么带病工作、如何做的、怎样累倒的、累倒后又怎样、当时的现场怎么样等做必要的交代和渲染，给人的印象就要具体得多。

（2）定向收集材料。收集材料要把准方向，防止出现盲目性和随意性。生活千头万绪，各种信息浩如烟海，时间和精力不容我们有见必记、有闻必录，而且这不仅没有可能也没有必要。因此，我们必须把准方向，有计划、有针对性地收集。

所谓把准方向就是围绕论题进行，根据论题划定的区域范围，按计划、有重点地工作。选择的材料要大小适中，不宜太窄，也不宜过宽。太窄，往往会漏掉与之相关的材料，使用时没有回旋余地；太宽往往难以抓住主线和重点，会造成内容芜杂臃肿，削弱和冲淡主题。例如，做一次题为"岗位成才"的演讲，不妨把收集目标集中在下列方面：从名人先哲的著作中收集有关成才的论述及有关部分和整体关系的论述；从教育学和心理学图书中收集有关成才理论和有关青年心理特点及其发展趋势的论述；从历史图书中收集有关青年在工作中立志成才的故事；从报刊和现实生活中收集，特别是收集本单位青年在

本职岗位上做出贡献的先进事例，等等。确定了这样一个范围和方向，收集材料就会顺利得多。

（3）选择新鲜的材料。新颖别致是就听众的感觉而言的。新奇感是促使人们注意的心理因素。演讲者立论高妙，演讲材料新鲜，就能较好地激起听众的新奇感，引起注意。这对深化主旨、充实内容都有着十分重要的意义。

演讲者人云亦云，重复使用别人用烂了的材料，就会令人感到乏味甚至反感。因此要尽力避免材料的雷同。要产生新鲜感，一方面要留心收集现实生活中新近发生的事情；另一方面也要善于收集那些过去早已发生但并不为人所知的事例。此外，还要善于观察分析现实中看似一般的材料，从中挖掘出新意来。这些当然不是信手可得的，必须有耐心有韧劲才能得到。鲁迅先生在这方面为我们树立了很好的榜样。他常常借古讽今，十分生动，如《由中国女人的脚，推定中国人之非中庸，又由此推定孔夫子有胃病》的演讲，运用了大量历史材料和现实材料，古今结合，使人感到异常新鲜、有趣。

（4）选择感人的材料。在演讲活动中，要注意选取能提高听众兴趣和情感上能打动听众的材料。在现实生活中，许多感人的事情都是看似违背常理、出人意料、不可思议，但又是在情理之中的。例如，有位演讲者在演讲时引用了一位老师上课老是跑厕所的事。这种事显然违背常理，令人觉得好笑。可是，当你知道这位老师身患膀胱癌，长期尿血，直到他被抬上病床，大家才发现他揣了一大摞病假条却从不请假时，你会觉得看似违背常理的事情，其实却在情理之中。演讲者用这件事来表现这位老师的高风亮节，十分生动感人。在现实生活中有许多这样的事例，关键在于要善于发现这种有违常理的事例的特殊性。此外，演讲要感人，要讲人们的奋斗经历，讲与听众切身利益相关的事。

查阅相关资料及向他人请教

只有收集到大量的资料，演讲者才真正具有站在公众面前的勇气。演讲是向听众传达信息，如果你不能满足听众的需要，不能提供足够多的信息，那么你的演讲一定不是好演讲。根据演讲查阅相关资料、向他人请教都是很好的收集资料的办法。

1. 根据演讲题目查阅相关资料

好好规划一下资料的查找工作，使你能够在指定的时间内达到最好的效果。这要求你在匆匆忙忙地开始查找之前必须认真考虑自己的演讲题目和场合。你要明确以下几点问题：你有多少时间？就你演讲的性质而言必须查阅哪些方面的资料？哪些题目要调查？你查阅资料的目的是什么？

（1）从演讲题目入手。先从了解"总体情况"入手。你不应该先入为主地在一个方面的资料上花费大量时间，这样做也许会遗漏与演讲题目相关的其他重要方面。随着对题目研究的深入，你会得到更加具体、更加确凿的材料。

演讲者在查阅资料之前的准备或探索性研究是由一系列活动所构成的。面对一个知之甚少的题目，你必须先在某个地方查阅一些概括性的知识。即使你对演讲题目很熟悉，你也得在准备查找资料之前在脑海里理清自己的思路。

（2）规定完成时间。根据你可以支配的准备时间和演讲题目的不同，你要进行的查阅工作也会有很大的差异。建议你为自己的准备工作制定一份可行的时间表。如果演讲前一天才接到通知，你不可能详尽地查阅所有相关文献，但是可以从百科全书之类的书中查找概括性的资料。如果时间较为充裕，你的准备活动就可以更加深入，先从概括性的书籍当中收集线索，用它们作为指导再寻找其他更加细致、更加具体的资料。

跳读是从头开始查找资料时最有用的技巧之一。在从图书馆查阅书籍或为此购买图书之前，先迅速浏览一遍书目。因为你没有时间把所有的书都看完，一定要掌握最重要的方法和理论。要掌握要领，先要查看书籍目录，跳过第一章和最后一章，或者阅读某一章或一篇文章的第一段和最后一段。记下书中频繁出现的重要学者和公众人物的姓名，留意反复出现的概念和研究项目，不必一字不落地把整个句子读完。

开始浏览时，先翻找一些综述或有关该问题现状的文章和书籍，这些文章和书籍概括指出了该问题目前的思潮。追溯该问题来龙去脉的文章段落也非常有用。以上这些文章和书籍往往很容易从题目中加以识别。

跳过一些资料，阅读一些概括性的书籍可以使你对自己的题目有大致的把握，接下来你就可以进一步缩小范围，把查阅内容集中到某些问题上。

（3）带着分析性问题查阅资料。当你已经完成背景资料的查阅，还没有开始主要的研究活动之前，要回头分析自己的演讲题目。想一想你是否要把题目缩小为某个问题，是否要调整自己的演讲目的，或者是否要修改主题句使之适应演讲场合。

（4）熟悉相关的专业用语。为新题目查找资料就像学习一门新的语言一样。随着你逐步展开对题目的研究，你就能够列出这个过程中所出现的关键词。比如，在研究职业女性时，你会发现自己必须搞清楚"机会均等""果断行动"和"相对价值"等之间的区别。你会注意到如"玻璃天花板""女强人综合征"和"粉领工人"等关键性的名词，在谈论你所面对的问题时，这些词已被广泛采用。熟悉与演讲题目有关的语言随着研究的展开而变得不可或缺，因此你在浏览文献时要查找这些关键词。

2. 直接向他人请教

如果你熟悉的人群中有人对你要演讲的题目非常了解，那么请教他们就再好不过了。

直接向他人请教相关问题是非常便捷的一种方法。如果没有特别合适的人选，你也可以请教一下周围的人对你要演讲的题目的看法。你的朋友、家人、同事都可以成为信息渠道。

在你根据演讲题目组织整理自己的思路时，可以先和那些自己每天接触的人谈一谈。你可能会惊喜地发现有人对你要讲的题目非常在行。在大多数情况下，这些人告诉你的情况是他们自己的观察和体验，在书本中是无法找到的。随便和几位朋友交谈一番，你就会惊喜地发现自己懂得了很多自己原来不知道的知识。在向他人请教的过程中，有几种人你要重点考虑。

（1）教师。教育者往往都是平易近人的专家。传播知识和信息是他们的本职工作。如果你不知道应该找哪位专家咨询，可以打电话询问相关院系或学校的工作人员。他们会推荐你请教某位在本领域取得研究成果的专家。

（2）政府相关部门工作人员。因为政府拥有的资源非常丰富，如果找到合适的部门询问相关人员，相信他们会认真地帮助你。

（3）独立机构和特殊利益集团。一些专业性协会和团体也是最佳信息渠道。但要注意这些团体看问题的角度往往是有

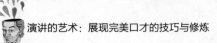

局限性的。可以向一些独立性的机构、协会、特殊利益集团请教，但是要根据你所了解的客观标准权衡自己听到的答复。可能的话，采访与你立场不同的专家，尤其是当演讲题目有争议时，更应该这样做。

另外，要注意的是法官、运动员、商业人士、警官、医生、会计师等专家。如果你不认识某个特定领域的任何人，看看是否可以通过同事或朋友介绍结识一位相关人士。如果无法建立这种联系，就要随时留意报纸上提到的人物。如果他们曾经接受过采访，那么可能也愿意再回答一些其他问题。

采访的方式方法

采访是获得材料的重要手段。不要慌慌张张、毫无准备地采访别人。事先分析一下你要采访的对象，想一想该如何让他们最大限度地为你的研究提供帮助。如果采访的对象曾经就你所要谈论的问题写过文章或有专著出版，先把这些资料读一读。你应该事先设计一系列具体而明确的问题，这样就不会浪费宝贵的面谈时间，否则可能得到一些在《百科全书》中也可以查到的内容。你要准备一些没有确定答案的问题，而不是做肯定或否定回答的问题，或者只需要简单地进行事实确认的问题，但是也不要含糊其词让对方不知该从何说起。

采访时先用几分钟时间融洽气氛、介绍自己的身份、解释你需要了解什么情况，以及你已经得到了哪些信息。同时，再次说明你预计采访将占用多长时间。如果你希望把采访过程录下来首先应该征求被采访者的同意，但是也要准备纸和笔，以防录音失败。即使你确实把采访过程录了下来，也应该记录采访内容。因为笔记可以帮助你让采访始终沿着所设计好的、有待澄清的问题前进，而且在重新听录音内容时，还可以帮助你把握重点。

开始提问时，一定要把大部分时间留给专家发言，不要打断、表示异议或鲁莽地提出自己的看法；要懂得用话语和身体语言鼓励专家继续说下去，比如点头、微笑；用谦和的评价鼓励对方，比如"我明白了""非常有趣""那么后来怎么样"，并为采访结束留出一定的空余时间。

尊重接受采访者的时间，如果时间快到了，要主动停止发问，即使你只得到了一半问题的答复。总结自己的采访角度，通常请被采访者进行总结性发言会获益颇多。有些情况下你可以这样问："您希望我提出哪些问题而我没有提到？"当然最后要对他们表示感谢。

演讲材料的收集范围和具体方法

占有丰富的材料是演讲成功的一个重要因素。因此熟悉演讲材料的收集范围非常重要，其中最重要的是收集属于自己的材料，而且要保证材料充足。

1.演讲材料收集的范围

演讲材料的收集范围主要包括直接材料、间接材料和自己创建的材料。

（1）直接材料。从现实生活中得到的直接材料，是演讲者在生活、工作、劳动、学习，及其他社会活动中所见所闻、所思所感的材料，也就是演讲者自身通过对社会生活的观察、体验、感受和调查研究所得到的第一手材料，这是最重要的材料。

社会实践是我们获取直接材料的源泉。《从外国人的名片谈起》这篇演讲，就是演讲者在生活中看到外国人的名片，看

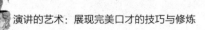

到了外国人的实际能力，也看到了我国一些人的实际能力后所得到的真实材料，讲出后自然生动感人。

（2）间接材料。这是演讲者从报刊、书籍、广播电视上得到的材料，可称为第二手材料。

演讲者由于时间和空间的限制，不可能事事处处都亲自观察体验，不可能每种知识都从亲身体验中得来，而书籍是前人的经验总结，广播电视传播的也是他人的亲身经历所得。因此，必须拓宽材料来源，获取大量的间接材料。

间接材料的收集也是占有材料的重要手段之一。鲁迅的演讲《魏晋风度及文章与药及酒之关系》，就是靠大量的古代历史、政治、军事理论、医学等多方面的间接材料表现主题的。

（3）自己创建的材料。创建材料指的是演讲者在获得大量直接材料和间接材料的基础上，经过归纳、分析、研究所得出的新材料，是一个演讲者智慧的结晶。常常和直接材料、间接材料一起综合运用于演讲之中。

2.准备属于自己的素材

虽然读一本书也是一种准备，但并不是最好的方法。从书本上找材料是有帮助的，但假如一个人从书本上找到一大堆现成的材料，就立刻讲给别人听，是难以获得听众热烈的掌声的。

今天能参加你们的毕业典礼，我感到很荣幸。你们要离开的是世界上最好的大学之一，而我从来没有大学毕业过。说老实话，这是我最亲密接触大学毕业的时刻了。今天我想告诉你们我生命中的三个故事。就这些，没什么壮举，不过是三个故事。

第一个故事是关于连起生命中的点滴。

　　我进里德大学读了半年之后就退学了，不过还是作为在校生在校园里晃荡了一年半才最终真正离开。我为什么要退出呢？

　　（退出）这事在我出生前就开始了。我的生母当时是年轻的未婚大学毕业生，她决定把我送给人收养。她态度很坚决，收养我的人必须是大学毕业生，这样，由一名律师及其妻子来收养我的事在我出生前就全都弄好了。可是当我呱呱坠地的时候，他们确定自己真正想要的是女孩。这样，我现在的父母，当时他们也在备选名单上，在晚上接到一个电话，说有一个意外出生的男婴，问他们是否想要，他们说当然想要。我的生母后来才发现，我的养母不是大学毕业生，我的养父连高中都没有读完，因此她拒绝在最后的收养文件上签名。几个月后当我养父母保证以后我会上大学之后，她才妥协。

　　17年之后，我上大学了。不过我当时不懂事，选择了一所花销昂贵的大学，几乎和斯坦福大学不相上下。我父母都是工薪阶层，他们的积蓄都用来支付我的学费了。过了半年，我看不到这么做有什么价值。我不知道以后如何生活，也不知道大学如何来帮我对生活做出规划。而我在这里花的是我父母一生所积攒的钱。于是，我决定退学，并且相信这个决定会被证明是正确的。在当时，这个决定还是很让人惊慌的，不过回头去看，这是我做出的最好的决定之一。我退学了，就不用再去上那些我不感兴趣的必修课了，我开始旁听那些看起来有意思的课程。

　　整个事情并非全都那么具有传奇色彩。我没有宿舍房间，只好睡朋友房间的地板，我把可乐瓶还回去，这样可以得到5美元来买吃的东西，每周日的晚上我会步行7英里横穿城区，到黑尔克力斯纳教堂吃那每周一顿的美食。我喜欢这种状态。

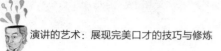

我凭着好奇和直觉，无意中涉足的很多事情，后来证明都是非常有价值的。

这是史蒂夫·乔布斯在2005年斯坦福大学毕业典礼上做的演讲的开篇，在这篇演讲中，他举了大量的例子，因为都是他亲身经历过的，所以就显得特别真实可信。同时因为他所举的场景都是在场听众所熟悉的，就更增加了听众的好感和演讲的真实感。

这就是我们说的"准备属于自己的素材"，只有凭借自己真实的经验并加上深思，演讲才会成功。

3.积累的材料一定要充足

别人的东西，只要消化了就能成为自己的东西。积累材料的过程就是收集别人的东西，把它纳为己有。然后在开始演讲前，集中于某个题目，去注意和思考，选择最能引起你兴趣的题材加以润色，改造成另一种形式，成为你自己的作品。

某演说家在回答关于怎样准备他的演说时如此说道："我的准备是这样的，当我选择了一个题目时，就把题目写在一个大信封上，我备有许多这样的信封。假如我在读书时遇到一些好材料，认为将来用得上，就把它抄下来，放入适合它的题目信封里。另外，我一直带着一本记事簿，当我在听别人演讲时，听到有切合我题目的话，便立即把它记下来，也放入信封内。当我要演讲时，就针对我要讲的题目取出我收集的所有材料，再加上我自己的研究，这样一篇文章就形成了。在我许多年的演讲中，每次都从这里取一些，从那里摘一点，因而演讲永远有材料，也不会陈旧。"

材料需要积累而且需要充分积累。收集丰富的资料和知识，可以增加自信，可以使你觉得安然而有把握，讲话的态度自然大方。这是准备演说最重要的基本原则，演讲者不应该忽略。

演讲材料的整理原则

1. 选出真实的材料，剔除虚假的材料

如果演说者使用没有经过考证或找不到出处的材料，那么准备材料的工作就不能说是完善的。可以设想一下，如果演说内容的准确性被听众怀疑，演说的效果就很难说好。要在平时多下功夫，经常查阅有关书籍、资料，并将用得着的资料摘录下来，注明资料的出处，以便在演说时引用，这才能增强演说的效果。

材料准确性的另一个方面是用词的准确性。任何一篇演说的第一个要求都是让人听懂，即演说者的用词必须与听众使用的词汇一致。凡是演说者使用的词汇、术语超出一定范围，就应该加以解释。特别是面对非专业性的听众发表专业方面的演说时，对专业词汇就应该进行解释。

为了保证材料的准确性和可靠性，我们应该对材料进行刨根问底，例如，材料中有哪些人？他们在做什么？他们是什么时候做的这些事情？这些事情发生在什么地方？为什么要做这些事情？他们怎样完成这些事情？这些问题可以帮助我们了解材料的情况，帮助我们辨别材料的真假，帮助我们理清材料的脉络，完善我们的演讲，同时，帮助我们避免在演讲时闹出笑话。

2. 选出有新意的材料，舍弃平淡的材料

有新意的材料，指的是能够成为演讲的依据，同时是大部

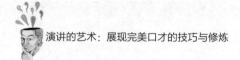

分听众没有听过或者没有想到过的材料。

演讲时为什么要使用有新意的材料？一是为了信息有价值，二是为了表达有魅力。世人常说，世界上没有两片完全相同的树叶，人不能两次进入同一条河。这是因为事物是不断变化的，而人更喜欢多变，再好的相声、小品段子，观众看过几次后也就失去兴致了。同样，一首非常好的流行歌曲也不能长期占据榜单的前几位，这都是因为人们喜欢多变的事物。

一名女性如果在街上或者宴会上和其他人撞衫，那是非常尴尬的一件事。但是，许多人却心甘情愿地重复他人的思想、观点和见解，甚至不觉得重复。这样的信息没有价值更没有吸引力。信息没有吸引力，就不能打动人心，就是老调重弹，就是陈词滥调，往往使人不感兴趣、听不进去。我们对人讲话、与人交际，不仅要利用新材料，而且要在思想内容上有新颖的东西。

内容新是指演讲要有新意，谈论问题要有独到的见解。比如，你谈论"怎样看待人体美？""离婚率的上升说明了什么？"这一类的题目，往往会引起别人的注意和兴趣。这就是选取新题目，有新发现。可口可乐是目前世界上最畅销的饮料之一，可口可乐公司推销成功的秘诀是什么呢？就是广告有新内容，与众不同。

在某次会议上，主持人请企业领导讲话，他谢绝了。理由是：一时讲不出新的观点，与其重复别人的话不如少说，最好是索性不说。这位领导的做法值得提倡。但实际上那种一讲老话、套话就没完的现象比比皆是。

有些人讲起话来滔滔不绝，可往往是打着官腔说套话，信息量很少，缺乏给人以启迪的东西，甚至只是起到了留声机、传声筒的作用。听这种没有新意的讲话，实在是味同嚼蜡，令人生厌。据说有个知名人士做报告，这里讲，那里讲，一年之内每次所讲的内容都如出一辙，丝毫没有变化。社会在变，听众在变，可报告者如此一成不变、墨守成规，还有什么价值和吸引力呢？即使这个报告起初内容不错，可是日复一日地重复也早让人心生厌了。

要做内容有新意的演讲当然有许多方法，但首先要有自己的个性和积极的自我意识，要敢于标新立异。一个人如果不能发现和发挥自己的与众不同之处，不敢表现真实的自我，就不可能用自己的语言表达自己的思想感情，演讲就没有生命力。

3. 优先选择幽默风趣的材料，放弃枯燥呆板的材料

演讲要想引起听众的兴趣就要选用新颖的、生动有趣的、寓意深刻的材料。吸引听众的有趣材料是演讲的调味品。适当地使用诙谐幽默的材料将在吸引听众方面起到重要的作用，它可以帮助你消除和听众之间的紧张感，委婉地表达自己的意见，巧妙地解除窘境，甚至可以出奇制胜。使用给听众设悬念的办法，也能增加演说的趣味性。演说者可以根据听众的心理，在演说中提出问题，然后解答问题，使听众的思路和注意力自始至终跟着演说者的思路走。

除了对材料有以上的要求，还需要树立吸引意识，讲求语言有魅力，内容有新意，做到说话方式巧妙一些。如果你的某一次演讲，语言上难以做到妙语如珠，内容上也不够新颖，那么在表达方式上巧妙一些，也会有吸引力，就像"新瓶装旧酒"，使人精神一振，从而获得成功。

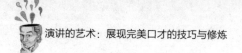

说话方式是指语言表达与交流的诸种因素如何组合搭配。口语表达的角度、语句的顺序、悬念的设置、对比的效果和怎样利用仪表、体态、时间、空间、气氛、物体等非语言形式，都属于说话方式。处理好说话方式中各要素之间的关系，需要在平时多加留意，多积累经验。

如果演说者演讲的内容不够新颖，材料也不幽默有趣，那么他可以试试改换说话方式，也能收到良好的效果。

4. 选材要紧紧围绕主题

主题是选材的依据。选择材料时必须紧紧围绕主题，必须考虑它能否有力地支持主题或为主题服务，否则，再生动的材料也不能用。即坚持这样一条原则：凡是能突出、烘托主题的材料就选用，否则就舍弃。能够有力支持主题的材料一般包括：演讲者自己受感动的材料；演讲者亲身实践证明了的材料；听众感兴趣的材料等。

在公元前44年，古罗马的布鲁图斯等人说恺撒大帝是暴君，有野心。恺撒的重臣安东尼为了驳斥他们的诡辩，在恺撒的葬礼上为恺撒做了辩护，在辩护词中，他选择了这样三个材料："他从前获胜边疆，但所得的财富都归入国库。"（这不是私心，而是公心。）"他听到穷人的呼唤，也曾经流下泪来。"（这不是暴君，应是富有同情心的好君主。）"那天过节时，你们亲眼看到，我三次以皇冠劝他登基，他三次拒绝。"（这不是野心，而是虚心。）

这些材料都紧扣主题，直接支持和证明了自己的观点，从而产生了无可辩驳的说服力。

演讲稿的写作

演讲稿的选题

但凡演讲总有一个特定的主题范围，只是范围有大有小。

一般来说，生活中常见的演讲如大会演讲、祝词、贺词、悼词等选题范围比较灵活，一些为听众所喜爱、所关心的话题均可选取；一些带有较浓厚专业色彩的演讲如军事演讲、外交演讲、法律演讲、学术演讲等讲题相对确定些，变动的范围不是很大；赛事演讲的命题范围有两种：有些主题的余地很大，有些则小些。但无论是什么类型的演讲，无论选题的范围是宽还是窄，确定选题都要做到几点：立足时事热点，抓住社会焦点，适合听众论点，寻求奇特的激发点，讲出新颖的观点。这样，你的选题才能别具一格，你的演讲才能脱颖而出。

在一次"交通安全在我心中"的演讲比赛中，有位演讲者分析这个主题后，估计很大一部分选手可能会立足于"人们交通意识淡薄而产生的危害"这方面，演讲中展示在听众面前的可能是一件件骇人听闻、惨不忍睹的血腥事件。这样，几十名选手讲下去，听众会听得喘不过气来。时间长了，就会产生知觉的倦怠。

思索之后，这位选手准备从新的角度去体现。于是选准现代生活中这样一种现象切入：很多人不懂交通安全，不理解交通警察，使交警的工作举步维艰，如果全社会都理解交警，支持他们的工作，交通事故将会减少。斟酌再三，确定了以《奉献与理解》为题，通过赞颂交警默默耕耘，为祖国、为人民无

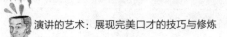

私奉献的精神呼唤人们理解他们。这位选手的演讲为比赛带来了一股清凉的风，赢得了听众热烈的掌声。

演讲稿的选材

演讲时选材如果能独具匠心、别具一格，本身就很吸引人。如果生搬硬套、拾人牙慧、步人后尘，无异于第二个、第三个把姑娘比作鲜花的人——落入不是"庸才"，便是"蠢才"的可怜境地，给听众带来的是难以透气的沉闷。要选取一些典型、生动、鲜为人知的材料，让人觉得你的演讲有新东西、新信息、新见解。立意高，思维性才能强；角度新，吸引力才能大。

心理学研究表明，人的大脑对各种信息的接收是有选择的，往往选择那些新奇古怪的与自己有关的事。社会在进步，一日千里；时代在发展，突飞猛进。新的人物、新的性格、新的问题、新的经验、新的成就，以及新的教训俯拾即是。只要我们认真观察，处处留心，不愁找不到新的演讲材料。

演讲题目的确定

演讲的题目是演讲开头的"开头"。演讲的题目要立意精当而深刻，文字新颖而优美。演讲前无论自己说出的题目还是主持人介绍的题目均要让听众"一听便知，过目不忘"，这就要求题目的确定要做到简洁、新奇、意远。题目太长了，听了、记了后面忘了前面；太旧了给人一种"似曾相识"之感，提不起精神。还要注意的是除了一些政治性类型的演讲与一些篇幅太长的演讲，最好不要在演讲中出现小标题。

我们可以从以下几个方面设计题目。

（1）题目要具体生动，不要太长。像"未来的思考""伟大的历史，光明的未来""缔造现实，开拓未来""奋起吧，人们"显得太空荡，演讲时只能东拉西扯，随意漫游。

（2）充分运用修辞手法。运用修辞手法的选题能打破常规，体现新意。

比喻法：《祖国——母亲》

设问法：《良心何在？》

反问法：《服务于民，你能做到吗？》

呼告法：《救救地球》

引用法：《"挥一挥衣袖，不带走一片云彩"》

对比法：《生与死》《冰与火》

婉曲法：《进攻"3800"高地》

（3）着眼"只言片语"，要求题目简洁。从字面上来说当然是要以最少的字数表达最深广的内容。只言片语的题目又简单，又醒目，又好记。如《路》《选择》《责任》。

（4）感情浓缩其中。在演讲开头报上一个感情浓烈的题目是能引起"轰动效应"的。如果在题目之前插上几句简短的引语，运用朗诵技巧处理，效果会更好。

"慈母手中线，游子身上衣"，每当读到这句诗时，我这个远方的游子总会生起一种对母亲的牵挂之情。我不能回到母亲的身边，只能诉感情于言语，寄托对母亲的深深祝福。这里，我给大家演讲的题目是《妈妈，您听我说！》。

这种类型的题目还有：《祖国，请相信您女儿吧！》《为了我们的父亲！》。

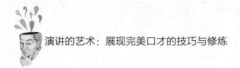

演讲稿的炼句技巧

演讲是一个动态过程。演讲所形成的特殊情境给其中每一句话都赋予了特定的意义。这要求演讲者在炼句时首先要从演讲整体出发，从演讲情境考虑，做到精短、严整、自然、亲切。先看下面一段演讲词。

12年来，我饱尝了作为一个教师的酸甜苦辣，喜怒哀乐；12年来，我更深层次、更立体地把握了教师的整体形象。教师是辛苦的，为了学生，他们夜以继日地操劳；教师是清贫的，为了别人，他们含辛茹苦，不计酬劳；教师是磊落的，为了事业，他们两袖清风，虚心清高；教师是伟大的，为了祖国，他们孜孜以求，不屈不挠。

这段话句式完整，匀称贯通，自然优美。

一般来说，除学术演讲、政论演讲较多地运用长句、散句，演讲的语句以短句、整句为美。

下面我们看看短句和整句的特色。

短句指字数少、形体短、结构简单的句式，演讲中运用短句明快、活泼，有利于表达感情，简洁、干净、利落地叙述事理。卓别林的演讲正是如此。

战士们，你们别去为那些野兽们卖命呀！他们鄙视你们，奴役你们，统治你们，吩咐你们应当做什么，应当想什么，应当具有什么样的感情！他们强迫你们去操练，限定你们的伙食，把你们当牲口，用你们当炮灰。你们别去受这些丧失了理性的人摆布了。

整句是相对于散句而言的。整句紧凑有力、严密集中、匀称流畅。演讲在适当运用散句的基础上要多运用整句。整句包括排比、对偶、对比、顶真、回环等。

演讲稿中的修辞

1. 设喻

在演讲中，比喻技巧的运用是很广泛的。这是因为比喻能准确地讲解知识，形象地表达感情。在演讲稿《争气篇》中有这么一段话："……洗去靡靡之音，摔掉酒瓶子，让我们与书这个'哥们儿'交上朋友吧！它不需要拔刀相助的江湖义气，只需要天长地久地交往。让我们与知识这位热情的'姑娘'恋爱吧！它不需要大彩电和沙发床，只需要孜孜不倦地热烈追求。"这里演讲者委婉妙喻，引人深思。

演讲语言与书面表达不同，它转瞬即逝，应该通俗化、口语化。除了学术演讲，那种从概念到概念，从理论到理论，弯来拐去、玄而又玄的表达是不受欢迎的。因此比喻在演讲中发挥的作用就大了。

下面我们再看看美国黑人领袖马丁·路德·金《在华盛顿示威游行集会上的演说》中的一段。

100年前，一位伟大的美国人在《解放宣言》上签了字，今天，我们站在这个伟大的阴影下，这条巨大的法令就如一座巨大的灯塔，给成千上万的在不公平、毁灭性的火焰中烧焦了的黑奴带来了希望，这条巨大的法令犹如欢乐的黎明将结束那被监禁的漫长黑夜。

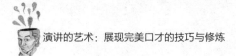

为了使比喻发挥更大的作用，演讲者可以临场设喻：就演讲的地点、场景、事物设喻，这样更具说服力。

2. 排比

排比是由三个或三个以上结构相同或相似的，语气一致的句子成串地表达相关或相连内容的一种句式。无论在叙事演讲、政论演讲，还是抒情演讲中都被广泛运用。运用排比能使言语规整，语气协调，感情贯通，表达流畅。演讲的开头有排比，演讲的中间、结尾也有排比。演讲中，真是无处不排比。排比表达时一般采取开头慢、后面快的方法进行，下面我们看一则演讲词。

沿途中，壮观的瀑布，会刷净你的头脑；平静的湖水，会使你冷静思考；雄伟的山峰，会唤起你的激情；名胜古迹，会引发你无限的遐想。

四层排比，热情奔放，层层推进，立意高远，振奋人心。祖国的美好景致历历在目，对大好河山的赞美之情呼之欲出。

演讲中运用排比能深化主题，增强说服力。如佩特瑞克·亨利的演讲稿《诉诸武力》。

我们的申请却遭到轻蔑；我们的抗辩招来了更多的暴行和侮辱；我们的祈求根本没有得到大家的理睬；我们所遭到的是被人百般奚落后，一脚踢到阶下。

运用排比句可以全方位地表达各种感情，喜悦、痛苦、亲切、庄重都可以在其中产生。

教师是蜡烛，燃烧自己，照亮别人；是绿叶，默默生存，点缀生活；是渡船，迎着风浪，接送人们！

最后我们看看道格拉斯在1854年7月4日美国国庆大会上发表的《谴责奴隶制的演说》的精彩结尾。

7月4日，对美国的奴隶意味着什么，让我来回答吧。对于长期受压迫和受凌辱的奴隶来说，7月4日是一年中最屈辱和最残酷的一天。对于他们来说，你们今天的庆祝活动仅是一场骗局，你们吹嘘的自由只是一种亵渎的放肆，你们标志的民族伟大充满着一种骄傲的自负，你们的喧闹声空虚而没有心肝，你们对暴君专制的谴责无异于厚颜无耻的言辞，你们所唱的"自由平等"的高调更是虚伪至极，是对这些口号本身的嘲弄。你们的祈祷与圣歌，你们的布道与感恩，连同一切宗教的游行与典礼，仅仅是对上帝装腔作势的信奉，是欺骗，是诡计，是亵渎和伪善——是给罪恶的勾当蒙上一层薄薄的纱巾。

这里，犀利的言辞和愤怒的感情被如林的排比连成一片。排山倒海，轰轰烈烈，从而使谴责奴隶制的主题思想更加突出，论点更加鲜明，感情上对听众的震动也更加巨大。

3. 设问

演讲中，在适当的情境下进行提问可以缩短与听众的距离，满足听众的好奇心，创造宽松的气氛，使演讲者处于主动，请看下段演讲。

同胞们！敌人在践踏我们的领土，敌人在屠杀我们的乡

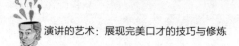

亲，敌人在掠夺我们的财产，敌人在烧毁我们的房屋，敌人在踩蹦我们的姐妹，难道我们能容忍他们如此兽性大发、胡作非为吗？难道我们能让他们肆意妄为、为非作歹吗？不能，绝对不能！怎么办，大家说怎么办？

强烈的情感鼓动点燃了听众对敌斗争的熊熊火炬，他们义愤填膺，异口同声："与他们拼了！"这样就达到了听众与演讲者心相连、语相通的效果。

提问要适时而发，要在气氛很融洽的时候进行，这样听众才能很好地同你配合。如当你讲到现实生活中机构臃肿、办事艰难，你的观点又引起了听众的共鸣时，你可以这样发问："朋友，我刚才说的这种'门难进，脸难看，事难办'的现象，你碰到过没有？"

提问要适时而发，在听众有一种强烈的探讨欲、表现欲时可以进行提问。比如，演讲中讲到金钱问题时，一般人对它都很敏感，就可以这样问："有人大声呼喊，'世上只有金钱好，没有金钱不得了'，在座的诸位，您说对吗？"

提问是最易使演讲掀起高潮与最易走向低谷的手段，一定要把握分寸。

（1）要问得简洁。提问次数不能太多，每次提问要简短，问题的答案要让听众在很短的时间内能答出来，甚至在潜意识驱使下就能作答。切忌内容晦涩难懂，用词佶屈聱牙。如下面这个问题就提得不太好："朋友们，有人说生活是美，有人说观念是美，你说呢？"

（2）要问得真诚。除了在不得已的情况下，如想通过提问来平息喧闹时，一般不要问得离奇，问得庸俗，问得莫名其妙，要示之以诚，发自真心。

（3）提问要能放能收。要放得开去，收得拢来，否则只能使演讲走向失败。要始终围绕主旨发问，使听众的回答处在你的"圈套"里。适当的时候可以运用"对啊""是啊""正像刚才那位朋友所说的一样"等词句。如果问题提出来后听众没有反应，自己要巧妙地接下去。

演讲稿如何引用史料

美国宇航员埃德温·奥尔德林上校于1969年7月20日登上月球。返回地球时他在美国国会上发表了一次讲话："科学考察意味着对未知世界的探索，人们根本无法预知全部结果。查尔斯·林白说过：'科研成果不是最终目的，而是一条通向奥秘而又消失在奥秘中的道路。'"

查尔斯·林白是美国宇航专家，此处埃德温引用他的话以证明自己的观点，加强了表达的力度。

演讲中，可以适当地引用名人的言论、公认的史料、数据，以及广泛流行的成语、谚语等，以便更好地点明主题、佐证观点，使文义含蓄、富有启发性。成功的演讲都能巧妙地或明引、或暗引、或仿引古今中外、东西南北的材料，使听众会心言外，深思彻悟。

演讲家李燕杰演讲时善于旁征博引，说古道今。听他的演讲可以驰骋九万里，纵横五千年。他有一次以《心上绽开春花，芳草绿遍天涯》为题进行演讲，整个演讲只有十来分钟，引用的哲言、警句、信件、诗文却有二十几处。

斯大林在一次选民大会的演讲中，批评了候选人中一些不正派的人，巧妙借引文学中的语言、人物形象、典故和传说来

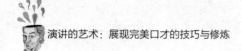

增强演讲的幽默感和讽刺力，使演讲意新旨远。

"同志们，你们自己知道，丑儿家家都有……果戈理说：这种不正确的、不三不四的人，使你弄不清他们究竟是什么样的人，既不像人，又不像鬼……"

"我不能确有把握地说，在代表候选人中间和我们的活动家中间，没有那种在性格和面貌上很像民间所说的'既不像供神的蜡烛，也不像喂鬼的馒头'的人。"

要注意的是引文要与行文完整统一，切忌胡拼凑、乱标签，否则就会给人以生硬、做作之感，甚至让人感觉莫名其妙。

演讲中如何巧用数据

在古今中外的诸多演讲中，一个个、一串串、一组组的数字在其中发挥着奇妙的作用。这不仅因为数字清楚、明白，数据说服力强、表达准确；还因为数字运用的领域广泛，很少受时空、形式、趋向等外界因素的限制，可以纵比也可以横比。数字宛如一颗颗晶莹透明的星星，散发着奇异的光彩，点缀着一篇篇演讲佳作。

当年美国政府决定修建尼亚加拉大瀑布水利工程时，赞成者与反对者争论激烈。有位赞成者运用数字演讲收到了良好的效果。

我们听说在国内有几百万民众是胼手胝足地过着日子，但还是很憔悴，显得营养不足，因为他们缺乏面粉来充饥。可是，尼亚加拉瀑布每小时都要无形中消耗掉与25万块面包价值相等的瀑布能力。我们可以想象到：每小时有60万只鸡蛋，越过悬崖，变成一块巨大的鸡蛋饼，跌到湍急的瀑布中，如果织布机上织下来的白布能够有400英尺宽，它的价值也与尼亚加拉瀑布所消耗的能量价值一样……这是多么惊人的巨大消耗啊！对于这个无形的消耗，有人主张拿出一笔款子来利用这一个巨大的水能，想不到也有人来加以反对呢。

演讲者运用数字，浅显易懂，反驳有力，听者无不为之动容。

演讲中数字运用要准确、精当。不能含混、模糊，忌用"大致""大约""可能""好像是"等引导词。演讲中的数字宜用整数，不用过长的小数，并且尽量对数字进行形象性的解释。如下面的例子。

在兽性狂发的1个多月中，日本侵略军在南京屠杀了30万中国人。30万人排起来，可以从杭州排到南京。30万人的肉体，能堆成两座37层的金陵饭店。30万人的血，有120吨！

有时重视数字的尾数可以增加听众的信任感。

演讲中数字的运用要简洁、精巧，不要太泛滥。如果太多会流于枯燥，而太烦琐则容易使听众产生听觉错混。

第四章

演讲的开场、进行与结束

演讲开场类型

"良好的开头是成功的一半",因此演讲者要殚精竭虑,全力以赴应对好开头,力求一开口就拨动听众的兴奋神经。如果能在开始就让听众产生一种肯定的心理定式就再好不过了。

良好的开头应如瑞士作家温克勒说的有两项任务:一是建立演讲者与听众的同感;二是如字义所释,打开场面,引入正题。具体方法是语言新鲜,忌套话、空话;忌那些磨光了棱角的、听众不爱听的老话、旧话;语言准确,忌大话、假话;语言简练,忌抽象话。

文章开头最难写,同样道理,演讲开场白最不易把握,要想三言两语抓住听众的心,并非易事。如果在演讲的开始听众对你的话就不感兴趣,他们的注意力将被分散,那后面再精彩的言论也将黯然失色。因此只有匠心独运的开场白,以其新颖、奇趣、敏慧之美,给听众留下深刻印象,才能立即控制场上气氛,在瞬间集中听众注意力,从而为接下来的演讲内容顺利地搭梯架桥。

听众对平庸普通的论调都不屑一顾,置若罔闻;倘若发人未见，用别人意想不到的见解引出话题，造成"此言一出，举座皆惊"的艺术效果，会立即震撼听众，使他们急不可耐地想听下去，这样就能达到吸引听众的目的。

演讲开场常用的形式主要有这样几种。

1.故事引导型

在开头讲一个与你所讲内容有密切联系的故事，从而引出你的演讲主题。

1940年12月17日，罗斯福总统终于在美国白宫记者招待会上露面了。

此时，正是美、英、苏等国家共同抗击纳粹德国的关键时刻。英国处在欧洲反法西斯侵略的前线，由于黄金外汇已经枯竭，根本无力按照"现购自运"原则从美国手中获取军事装备。作为英国的重要盟友，罗斯福深知唇齿相依的道理。在反法西斯战争旷日持久的情况下，英国一旦被纳粹击溃，使希特勒一朝得势，势必严重威胁美国的全球利益。美国全力支持英国，是理所当然的事情。

但是，美国国会中一些目光短浅的议员们只盯着眼前的利益，丝毫不关心反法西斯盟友和欧洲糟糕的战局。罗斯福认为必须要说服他们，使《租借法》顺利通过以全力支持英国，为此他特别举行了这个意义重大的招待会。

"尊敬的女士、先生们！"罗斯福在简要地介绍了《租借法》以后，紧接着就来说明他的设想了。"假如我的邻居失火，在数百英尺处，我拥有一条浇花的水管，要是赶紧借给邻居拿去接上水龙头，就可能帮他灭火，以免火势蔓延到我家。但是，在救火前要不要和他讨价还价？喂，朋友，十万火急，

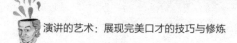

邻居到哪里去找钱。我想，还是不要他15美元为好，只要他灭火之后原物奉还。如果灭火后水管还好好的，他会连声道谢；如果他把东西弄坏了，他得照赔不误，我也不会吃亏。"

记者们紧追不舍，问罗斯福总统："请问，总统阁下所说的水管一定是指武器了？"

"当然，"罗斯福毫不掩饰，"我只不过以此来阐述《租借法》的原则而已。也就是说，如果你借出一批武器，在战后得到归还，而且没有损坏的话，你就不吃亏；即使军火损坏，或者陈旧了，干脆丢弃，只要别人愿意理赔，我想，你依然没吃亏，不是吗？"

这一番回答之后，再也没有人对此提出任何疑问与反驳了。

这种方式的开场白很能引起听众的兴趣，而且在语言操作上也比较容易，适合那些初学演讲的朋友使用。不过，要注意的是故事型的开场白一定要摒弃复杂的情节和冗长的语言。

2.开门见山型

打开门映入眼帘的就是山，也就是一开始就用高度凝练的语言把演讲的基本目的和主题告诉听众，引起他们想听下文的欲望，接着在主体部分加以详细说明和论述。这便是开门见山型，如恩格斯的《在马克思墓前的讲话》。

3月14日下午2点3刻，当代最伟大的思想家停止了思想。让他一个人在屋里总共不过两分钟，等我们再进去的时候，便发现他在安乐椅上静静地睡着了，但已经是永远地睡着了。这个人的逝世对欧美战斗着的无产阶级、对历史科学，都是不可估量的损失。这位巨人逝世以后形成的空白，人们在不久的将来就会感觉到。

在这里恩格斯以极为简略、精当的话语明确道出了他这次演讲的主题。

开门见山型的开场白适合比较庄重的演讲场合。因此，它要求演讲者必须具备高度的总结概括能力。

3. 幽默开场型

幽默开场型即是以幽默或诙谐的语言及事例作为开场白。这样的开场可以使听众在演讲者的幽默启发下集中精力进入角色，得到启示，在轻松的氛围中领悟演讲观点。

运用笑话开始演讲要轻松地去体现，要配合以微笑、点头等态势语，表现出真实情感；要用清楚而贴切的语言，不装腔作势；要正视听众，求得共鸣，讲之前不要急着做言过其实的应允或过分的谦卑，因为过高或过低的估计都会使听众反感。

4. 引用名言型

演讲的开场白也有直接引用他人话语的（大多是名人的富有哲理的话语），它为演讲主旨做事前的铺垫和烘托，概括了演讲的主旨。

5. 文学抒情型

这种开场白主要借助诗歌、散文等抒情文学的形式，通过华丽的辞藻和汹涌澎湃的激情感染听众，把听众带入诗一般的境界。多数参加演讲比赛的朋友都喜欢运用这种类型的开场白。

林肯在为独立战争时期的一位烈士遗孀辩护时说。

现在，1776年的英雄早已长眠于黄泉，可是，他那衰老而可怜的遗孀，还在我们面前，要求我们代她申诉。这位老妇人从前也是一位美丽的少女，曾经有过幸福愉快的家庭生活，然而，她为美国人民牺牲了一切，到头来却变得贫困无依，不得

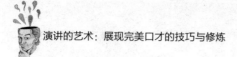

不向享受着革命先烈争取来的自由的我们请求一些援助和保护。试问，我们能视若无睹吗？

演讲的悬念设置

设置悬念的方法很多。可以运用与演讲内容相关联的实物；可以运用突然发生、与内容反差较大的情感；可以运用听众一时难以回答上来的串问；可以运用带有夸张色彩的动作；可以运用录音、幻灯片、录像等设备。

悬念的设置要注意的是：新奇，产生出人意料的结果；形象，让听众感觉在情理之中；到位，表达圆满自然。

一般来说，悬念设置在演讲的开头，这有利于它贯穿整个演讲。悬念也可以运用在中间和结尾处。

下面我们看看利用录像设备如何设置悬念。

某演讲者以《懒惰走向失败》为题进行了一次演讲。整个演讲由"固执保守走向封闭""忍耐走向衰竭""虚伪无情走向混乱""懒惰畏缩走向死亡"几个板块组成，每个板块前由与板块内容相关联而又有一定刺激作用的图像开始。听众在奇巧的演讲中产生了对演讲观点的认可。演讲的最后，演讲者放了一段美国几位运动员团结协作取得一次高难度障碍赛冠军的录像，并就录像进行了这样的结尾安排。

"朋友们，记得所罗门有句名言，'懒惰者贫困，勤奋者富有'。面对懒惰，该说的我都说了，面对勤奋，尽在不言中。您看了刚才这段录像，想到了什么呢？谢谢！"

连锁悬念，环环紧扣；演讲结尾，再展高潮。当听众走出演讲大厅时，仍是余音绕梁，仍在深深思索。

演讲的自我介绍

当演讲者走上讲台时，听众一般都有一种陌生感、朦胧感，渴望了解演讲者的愿望很强烈。如果这时你能及时、准确、得体地自我介绍，自我袒露，使听众得到满足，会让他们很高兴。自我介绍切忌背稿式的朗诵，不要让人感到你花费了很多时间在自我介绍的设计上。自我介绍能取得听众认同的最好方法是自嘲。

自嘲是运用嘲讽的语言，戏弄、贬低或嘲笑自己，以此外化出另一层意思，显得"表里相悖"。这就必须委婉达意、巧妙得体、格调轻松、俗而不陋，透露出豁达与聪明。

在演讲中，自我介绍要注意以下几点。

其一，如果节目主持人已经介绍了，自己就没必要再介绍。如果觉得需要补充的话，则要注意与主持人的介绍连成一体。在某次演讲中，主持人是这样开场的："接下来是曾多次参加全国演讲比赛并获奖的国家级优秀演讲员，当代青年演讲家为大家演讲，大家欢迎！"显然，主持人忘了介绍演讲者的名字。演讲者立即上场接过话："我姓谢，谢谢的谢，叫谢伦浩。在这里首先要谢谢主持人对我的赞美，更要谢谢大家来听我的演讲，不过在这里要把主持人刚才讲的'当代青年演讲家'改成'未来著名演讲家'。未来是美好的，我相信未来。让我们大家携手并进，共创未来。我给大家演讲的题目是《理想与未来》。"

其二，一些赛事演讲由于时间控制严格，主持人会为你介

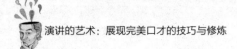

绍，这时就没有必要再进行自我介绍。

其三，自我介绍尽量精巧点。

演讲如何进行

初次上场的演讲者容易犯的错误是速度太快，像放鞭炮似的噼里啪啦，一个调子，一个速度。在他们提醒自己"慢慢慢"后，又趋于慢得平坦，慢得没变化。

在这里要提醒初次上场的演讲者，演讲的进行要灵活控制，有快有慢。

就听众对象来说，一些年轻的听众，精力充沛，反应灵敏，他们的思维和举止都很敏捷，进行演讲时可以快一点；对小朋友、老人家演讲，因为他们接受迟缓，反应不快，进行演讲时可以把音节的时值拉长，中间停顿可以久点，停顿的次数可以多些。

就内容感情来说，演讲者讲述一些热情、紧急、赞美、愤怒、兴奋之类的内容时，不能以"毋庸赘言"代替叙述那种无法控制的感情，即表示激动的情感，以及叙述进入精彩高潮时可以速度快点。

演讲者表现一些平静、悲伤、庄重、思考、劝慰之类的内容时，讲述一些需要听众特别注意之事时，讲述有关数字、人名、地名时，引起疑问之事时要慢点。

就环境而言，演讲场合大的，速度可以慢点；场合小的，速度可以快点；听众情绪受到干扰时慢点，情绪旺盛时快点。

下面以丘吉尔的演讲《热血，辛劳，眼泪和汗水》的结尾为例进行说明。

摆在我们面前的，是一场极为痛苦的严峻的考验。在我们面前，是漫长的战争和苦难的岁月。你们问：我们的政策是什么？我要说，我们的政策就是用我们的全部能力，用上帝所给予我们的全部力量，在海上、陆地和空中进行战斗，同一个在人类黑暗悲惨的罪恶史上所从未有过的穷凶极恶的暴政进行战争，这就是我们的政策。你们问：我们的目标是什么？我可以用一个词来回答：胜利——不惜一切代价，去赢得胜利。无论多么可怕，也要赢得胜利，无论道路多么遥远和艰难，也要赢得胜利。因为没有胜利，就不能生存。

大家必须认识到这一点：没有胜利，就没有英帝国的存在，就没有英帝国所代表的一切，就没有促使人类朝着自己目标奋勇前进这一世代相因的强烈欲望和动力。当我挑起这个担子的时候，我是心情愉快、满怀希望的。我深信，人们不会听任我们的事业遭受失败。此时此刻，我觉得我有权利要求大家的支持，我要说："来吧，让我们同心协力，一起前进。"

这段演讲，开始几句平稳缓慢，从内心发出质问："我们的政策是什么？"接下来加快，说明现实的严酷。最后，演讲者激情澎湃，号召大家同心协力，一起前进。

总之，演讲要快慢适中。如果演讲长时间进行得太快会"供过于求"，引起烦躁，使听众不易全面了解内容，理解感情；如果演讲长时间进行得太慢则"供不应求"，使听众注意力无法集中，情绪提不起来。

演讲应怎样设置称谓

演讲中无论开头、中间、结尾都可以适当地运用称谓。得体的称谓可以把演讲者的感情传导给听众，容易让听众与演讲者同欢乐，同伤悲，共希望，共思索。演讲中的称谓可以分为泛称和特称两种形式。

泛称是指不分职业、不看年龄、不管层次的统称。这种称谓广泛用于多层次听众参与的演讲。

如"各位朋友和同胞""我的朋友们"，一般的还有"朋友们""同志们""同伴们""各位先生""女士们，先生们""有相同爱好的青年朋友们""姐妹们"等。

特称是指在一些特殊行业、特殊年龄、特殊层次的听众面前用的称谓。如1941年12月8日，罗斯福的《要求国会对日宣战》："副总统先生、议长先生、参众两院各位议员先生"；1972年2月，尼克松《在答谢宴会上的祝酒词》："总理先生、中华人民共和国和美利坚合众国的我们十分尊贵的客人们"；"在座的各位老师""尊敬的教练们""各位评委""未来的工程师们""尊敬的白衣天使们""可爱的小朋友们""祖国的卫士们"等。

称谓要能反映出对方的身份、地位和双方的关系，更重要的是要表达出演讲者的感情，融洽气氛，拉近距离。无论是泛称还是特称均要做到以下几点。

1. 称谓要发自内心

句句有义，字字含情。语气要亲切，语速要缓慢。景克宁有次到山西一所农业大学演讲，面对大学生他是这样称呼的："三晋热土，大地之子，绿色生命的守护神。"

2. 称谓要轻快得体

在一般情况下可以用"朋友们"称呼。当你不了解听众的具体情况时不要乱用特称，以免喊错对象而闹出笑话。比如，你面对的是年龄大小不一的女听众，而你又年轻，就不能称呼"女同胞们"。当你很清楚听众的职业、年龄等情况时最好是用特称，特称比泛称更显得亲近些，听众有一种受尊敬感。

3. 称谓要适时适度

可以用在开头结尾处也可以用在情感高潮处。比如，诺曼底威廉大公的一段演讲："我的勇士们啊！一个屡战屡败，对军事一无所知，连弓箭都没有的民族竟能陈兵列阵挡住我们，这岂不是奇耻大辱！背信弃义的哈罗王竟敢露面和你们作战，岂不叫人羞耻！令我十分惊异的是，将你们的亲属和我的族人艾尔弗雷德斩首、犯下滔天大罪的凶犯仍未授首。勇士们，高举战旗，奋勇前进吧！你们的叱咤之声将震动山河，东西回荡；你们的刀剑之光将气冲牛斗！"

演讲中称谓不要过多，过多偏于空泛，听来很不好受。

4. 称谓可以直接与感叹句、反问句、双重否定句连用

称谓直接与感叹句、反问句、双重否定句连用，更能表达出一种强烈的肯定情感，起到振聋发聩、掷地有声的作用。比如，"难道还要我再说吗？朋友们，这令人咬牙切齿的税耗子就是这样吞噬了国家的财产，他们难道不该受到法律的严惩吗？"

营造生动的语言环境

我们先看下面一段演讲词。

一天下午，轰隆隆，一发罪恶的炮弹拦腰削断了一棵碗口粗的大树。接着，轰隆隆……一连几发炮弹在战士们的周围爆炸。这时，受伤的战士继续匍匐向前。嗒嗒嗒……敌人的高射炮轰击着，战士们顺着山势往下滚，鲜血浸进了殷红的大地……

这段演讲词把绘声和描状结合起来，增强了演讲的视觉形象和听觉感受，逼真地烘托出战场的气氛，使听众如身临其境。

苏联著名幼儿教育家波维卡娅也很喜欢在教学中使用摹状手法，充分调动动作、姿态去表演，运用口技去摹声，使课堂充满笑声。

摹状主要指运用形容词后附加重叠音节的方法。如"绿油油""红彤彤"。

还有变迭法："滴滴答答""郁郁葱葱"。

还有直音法："黑咕隆咚"，"轰"的一声。

摹状的最大作用是诉诸人的感觉。

描写："嗒嗒嗒嗒地跑过跑道""风嗖嗖地吹着"。

象征："牛哞哞地叫""狗汪汪地叫"。

拟态："波涛滚滚地涌来"。

演讲过程要错落有致

"文似看山不喜平"，演讲亦如此。心理学家认为，人听讲话时的注意力每隔5～7分钟就会有所松弛。因此，演讲者要注意演讲的起伏张弛，变化有度。

如果我们把演讲的进行轨迹用一根线来描述的话，这根线不应是直线，而应是曲线，是具有运动变化感的曲线。这主要从语言、内容、情感几个方面去体现，语调要高低升降，速度要急促徐缓，声音要宏大精细，音色要刚柔多变，情感要跌宕起伏。

产生这种效果的方法是：事实与道理相交，议论与抒情互见，严肃与轻松共存，快捷与徐缓交叉。下面来看一篇演讲。

试问，自从1870年的大战结束以来，哪一年不曾有过战争的警报？就在70年代初我们结束战争回来的时候，他们就已经说了："我们什么时候重新开战？什么时候我们再兴'复仇之师'？最迟不过5年。"当时他们对我们说："我们是否会发生战争以及能否取得胜利（这正是中间派一位代表在国会上用来责备我的话），现今完全取决于俄国了。唯有俄国手里掌握着决定权。"

在现在这种时刻，我们必须尽力壮大自己。只要我们愿意，我们就能比世界上拥有同样资源的任何国家更加强大。因此，不利用我们的资源就是一种罪过。如果我们不需要一支随时可以作战的军队，我们就无须征集这支军队。

这事只取决于并不十分重要的费用问题。费用问题的确无关紧要，我只是顺带提提而已。我说我们必须继续努力，以便应付一切紧急情况。鉴于我国的地理位置，为了达到上述目的，我建议我们必须付出比其他大国更大的努力才行。我国位于欧洲中部，因此我们至少在三条边界线上可能受到袭击。法国和俄国分别只有东部和西部是无掩护的国界。由于我们的地理位置，或许加上直到现在德国人民所显示的团结力量比其他民族薄弱，我们比其他任何国家的人民更直接地受到敌对联盟国家的威胁。不管怎么说，上帝已经把我们放在一个邻里不允许我们稍有懈怠的地位，不允许我们在只求苟存的泥潭中打滚。

这项法案将使我国增加装配有更多武器的部队。在我们不用增加士兵人数时，增加的士兵无须征集入伍。如果我们有了足够武器，他们就随时可以装备起来，这是头等重要的事。我还记得1813年英国供给我国后备军的卡宾枪，我用那些枪打过猎，那不是军人用的武器。当然，遇有紧急情况，我们可以很快地得到武器，但如果我们现在储备下武器，这项法案就能加强我们的和平力量，也能给予和平联盟以强大的支持。那就简直有如一个拥有70万军队的第四强国加入联盟。这是迄

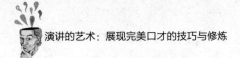

今在战场上最大的队伍。

我从不主张侵略战争。我们决不发动战争。火必须有人去点才会燃烧，我们决不去点火。无论我们怎样意识到上述自己的力量，也无论我们相信盟国多么可靠，都不会因此而妨碍我们以固有的热忱与努力去继续保卫和平。

我们不会意气用事，也不会冲动偏激。

我们德国人除了上帝，不畏惧世界上任何人！正是由于我们敬畏上帝，因此我们热爱和平，保卫和平。谁要是残忍地破坏我们的和平，他就会受到教训，知道我们德国人的尚武爱国感情意味着什么！1813年，当普鲁士还是一个弱小的王国时，这种精神就曾使我们全体人民一致团结在我们的国旗下。他还会知道，这种爱国主义精神现已成为全德意志民族的共同财富。

因此，谁要想进攻德国，都会看到这是一个团结一致、武装起来、每一个战士都抱定上帝与我们同在的必胜信心的德国。

这是德国著名的铁血宰相俾斯麦1888年在德国国会上发表的演讲，这篇演讲运用了多种语气，文章错落有致，慷慨激昂，令听者热血沸腾。

演讲如何结束

正确结束演讲的方法是多种多样的，但没有一种适合于任何演讲场合的通用方法。演讲者需要根据自己演讲的具体时间、地点、主题、听者及个性等因素，选择适合自己的方式结束演讲，使之有效地为自己演讲的思想和目的服务。

在演讲的结尾，也有些演讲者不考虑如何把演讲留在听众心中，如何让演讲走入听众记忆深处，他们喜欢用一些没有信息含量，没有感情力度的陈词滥调结尾，以致留下松散、疲沓无力的尾巴。有位演讲者这样结束他的演讲："我的演讲就要结束了，此时我向大家表示深深的歉意。耽误了每人5分钟，加起来就耽误了大家500分钟，很对不起！"本来这位演讲者音色优美，感情贯通，可这样的结尾实在差劲，让人想到了鲁迅先生的一句话：耽误别人的时间等于谋财害命。这个结尾致使前面精彩的部分也被冲淡了。

演讲的结尾应该感情充沛，语气铿锵，像美国作家约翰·沃尔夫说的："演讲最好在听众兴趣未尽时戛然而止。"这样可以给人以振奋，给人以鼓舞，给人以无穷的思考和无尽的遐思。

古希腊哲学家苏格拉底被指控不信仰人们共信的神而被处死刑，临死前演讲的最后一段是："诀别的时刻到了——我将死去，而你们还将活下去，但只有上帝知道我们中谁会进入天堂。"这句话意味深远。

高潮式、总结式和余韵式的结尾

与演讲的开场白一样，其结尾也有不同的形式。结尾结得好，能给人余音绕梁、回味无穷的感觉，也可令人深思。其形式一般有以下这几种。

1. 高潮式

演讲者如果在演讲主题思想的升华、情绪氛围的渲染都达到了最高点时结尾，我们就把这种方式称为高潮式。

"一二·一"是昆明的光荣，是云南人民的光荣。云南有光荣的历史，远的如护国，这不用说了。近的如"一二·一"，都是属于云南人民的，我们要发扬云南光荣的历史！

反动派挑拨离间，卑鄙无耻，你们看见联大走了，学生放

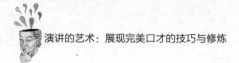

暑假了，便以为我们没有力量了吗？特务们！你们错了！你们看，今天到会的一千多位青年又握起手来了，我们昆明的青年决不会让你们这样蛮横下去的！

反动派，你看一个倒下去，可也看得见千百个继起的！

正义是杀不完的，因为真理永远存在！

历史赋予昆明的任务是争取民主和平，我们昆明的青年必须完成这任务！

我们不怕死，我们有牺牲的精神，我们随时像李先生一样，前脚跨出大门，后脚就不准备再跨进大门！

这是李公朴被杀之后，闻一多先生的演讲，这个演讲在结尾时把群众的愤怒情绪调动到了最高点。实际上，"把高潮放在结尾"是许多演讲人士自觉或不自觉都在运用和遵循的一条重要法则。

2.总结式

在演讲结束时，对前面所讲的内容进行提纲挈领的归纳和总结，就叫作总结式。对于初学演讲的人来说，这种结尾方式很容易掌握，但要注意，总结时要避免对前面演讲内容和形式做简单的重复。

3.余韵式

运用余韵式结尾，就是在演讲中以含蓄或者留有余地的语言来表达主题，让听众能在演讲结束后的思索中体会其言外之意，从而受到启迪，或者总结演讲的精华主旨并深化主题。

格言式、号召式和呼吁式的结尾

1.格言式

所谓格言就是指那些语言简洁、内涵丰富、富有劝诫与教育意义的话。运用格言结尾，可以把演讲的主题思想或最后结论浓缩在一两句话中，从而使听众受到深刻的教育和启迪。

亨利"不自由，毋宁死"的雄壮的战斗呐喊，由此成为美国独立战争时期最有力的战斗宣言。要知道，创造格言并不是文学家、思想家的专利，只要你能在演讲中深刻地把握住演讲主题，并能通过极为精练的句子传达内涵丰富的思想，就能有完全属于你自己的格言。

2. 号召式

所谓号召式就是在演讲快结束时，运用极富鼓动性的言辞号召人们有所行动的演讲结尾形式。比如，某些竞选性的演讲以"请投我一票"来结束便是最为典型的号召式。

号召听众采取的行动既可以是某种具体的动作，也可以是抽象的、概括的行为，如闻一多先生在《最后一次讲演》中的结尾："我们随时像李先生一样，前脚跨出大门，后脚就不准备再跨进大门！"（长时间的热烈鼓掌）在这里，闻一多先生以"后脚就不准备再跨进大门"的形象比喻来号召人们时刻做好为革命事业牺牲的准备。

3. 呼吁式

这里所说的呼吁，就是运用辞令号召引导听众去采取行动。这是许多有经验的演讲者通过实践总结出来的切实可行的结尾方式，它既可以使人心悦诚服，同时又能催人奋进。

当然，你与听众之间必须有共同的思想、共同的愿望、共同的利益和共同的语言作为基础，在这个基础上，你可以放开思想包袱，运用富有哲理的、感情激昂的、动人心弦的语言去打动听众，呼吁听众做出某种行动。胸襟开阔、目光远大、实事求是、毫无矫揉造作和浮夸虚饰的呼吁，能够打动人心，

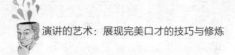

引起听众的共鸣。

引述式、幽默式的结尾

1. 引述式

所谓引述式，就是指在演讲中引用与演讲内容相关的权威性言论来结尾，从而点题或深化主题的结尾方式。

早在两千多年前，亚里士多德就把权威的言论看作是使人信服的三大手段之一了。权威的言论是人们普遍相信的，因此，我们如果能把这种言论运用到演讲的结尾中去，就等于再次有力地证明了演讲的主题思想的正确性。这种权威性言论包括名人名言，以及经过历史考验，被证明确信不疑的格言、成语、谚语，或者是人们普遍喜欢的文学名著中的警句、诗句等。当然，所引权威言论必须与演讲内容相关或完全吻合，使之有针对性，并能点出演讲的主题。

2. 幽默式

戴尔·卡耐基说："最好在听众的笑声中说再见。"他认为，达到了这一目的就表明一个人的演讲技巧已十分成熟了。取得这种效果的方法有两种：一是幽默的话语，二是幽默的动作。无论采取哪一种方式，都需要运用智慧。幽默之所以引人发笑与深思，主要是因为，面对同一个内容，不聪明的人按部就班，有智慧的人却能用别出心裁的方式将其表达出来。

幽默可以使会场的气氛达到一个新的高潮，从而使你和听众的关系变得更为融洽、和谐，同时，演讲过程中的一些讲话欠妥的地方，也可以在因幽默而引起的友好气氛中烟消云散，从而形成良好的氛围，使演讲取得较好的效果。

第三部分

演讲的场景应用

竞聘演讲

竞聘演讲稿的写作

竞聘演讲稿的开头方法

竞聘演讲的时间是有限制的。因此，精彩而有力的开头便显得非常重要。有经验的竞聘者常用下面的方法来开头。

1.用诚挚的心情表达自己的谢意

这种方法能使竞聘者和听众产生心理相融的效果。例如：

我非常感谢各位领导、同志们给了我这次竞聘的机会。

2.简要介绍自己的相关情况

简要介绍自己的姓名、学历、职务、经历等。例如：

我叫李明，1983年毕业于北京大学社会学系，1985年加入中国共产党，现任社会学教研室副主任。

3.概述竞聘演讲的主要内容

这种方法能使评选者一开始就能明了演讲者演讲的主旨。

例如:

我今天的演讲内容主要分为两部分:一是我竞聘人事局副局长的优势;二是谈谈做好人事局副局长工作的思路。

竞聘演讲稿的主体内容

竞聘演讲的目的,就是要把自己介绍给评选者,让评选者了解你的基本情况,了解你对竞聘岗位的认识和当选后的打算。所以,竞聘演讲的主体内容应该包括以下几方面。

1.介绍自己应聘的基本条件

所谓基本条件就是政治素质、业务能力和工作态度等。这一部分实际上是要说明为什么要应聘,凭什么应聘的问题。竞聘者在介绍自己的情况时,一定要有针对性,即针对竞聘的岗位来介绍自己的学历、经历、政治素质、业务能力、已有的政绩等,并非要面面俱到,而应根据竞聘职务的职能情况有所取舍。

2.简要介绍自身的不足之处

竞聘者在介绍自己应聘的基本条件时,要尽可能地展示自己的长处,但不是对自身的不足之处闭口不言。请看某竞聘者的表述。

我从没有担任过班干部,缺少经验,这是劣势,但正因为从未在"官场"混过,一身干净,没有"官相官态""官腔官气"。少的是畏首畏尾的私虑,多的是敢作敢为的闯劲。正因为我一向生活在最底层,从未有过"高高在上"的体验,对摆"官架子"看不惯,弄不来,就特别具有民主作风。因此,我的口号是"做一个彻底的平民班长"。

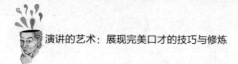

3.表明自己任职后的打算

评选者更关心的还是竞聘者任职后的打算。因此，竞聘者在竞聘演讲时，一定要用简明扼要的语言亮出自己的观点，也就是说，要紧紧围绕着评选者关心的热点、难点问题，提出明确的工作目标和切实可行的措施。请看某竞聘老干部处副处长职务的竞聘人的演讲。

总结我自身的情况，我认为我有条件、有能力胜任副处长的工作。如果我能竞聘成功，我将做好以下几项工作。

首先，协助处长继续做好老干部工作。解决老干部亟须解决的问题。如老干部的政治生活待遇问题，老干部的晚年教育问题。

其次，积极组织老干部开展积极健康的文化和健身活动，使他们老有所乐。

再次，积极开展家访工作，特别是要加强对孤寡老人的服务工作，安排工作人员与他们结成帮助对子，使他们感受到组织的温暖。

最后，设立一个处意见箱，了解老人的思想状况，了解他们的需求，并将了解到的情况，及时向局领导汇报，并及时解决问题。

竞聘演讲稿的结尾方法

好的结束语能加深评选者对竞聘者的良好印象，从而有利于竞聘成功。竞聘演讲常见的结尾方法有以下几种。

1.表明对竞聘成败的态度

这种方法能使评选者感受到竞聘者的坦诚。

作为这次竞聘上岗的积极参与者，我希望在竞争中获得成功。但是，我绝不会回避失败。不管最后结果如何，我都将"堂堂正正做人，兢兢业业做事"。

2.表达自己对竞聘上岗的信心

我今天的演讲虽然是毛遂自荐，但却不是"王婆卖瓜，自卖自夸"。我只是想向各位领导展示一个真实的我。我相信，凭着我的政治素质，我的爱岗敬业、脚踏实地的精神，我的工作热情，我的管理经验，我一定能把处长的工作做好。如果各位有疑虑，那就请给我一个机会，我绝不会让大家失望。

3.希望得到评选者的支持

各位领导、各位评委，请相信我，投我一票！我将是一位合格的处长。

竞聘演讲的注意事项

目标的明确性

一般来说，在竞聘演讲时，竞聘者向评审人员及听众一要讲清自己的应聘条件，突出自己的优势，并且这种优势足以完成应承担的职务和工作；二要回答"若在其位，如何谋其政"。要在有限的答辩时间内完成上述工作，演讲的总体内容应始终围绕一个目标——岗位职务工作进行，做到目标明确，语不离宗，不可以开口千言，离题万里。

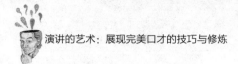

内容的竞争性

竞聘演讲的全过程，其实是候选人之间就未来推行的施政目标、施政构想、施政方案进行比较与选择的过程。竞聘除了基本素质条件，实际上更重要的是施政目标与施政措施的竞争，写作时应在此处压倒对方。只有具备了明确、先进的施政目标，且有切实可行的施政措施来保证，才会取得竞争的成功。

演讲的技巧性

竞聘演讲是演讲的一种，也存在演讲技巧问题。它除了要求演讲者具备良好的心理素质和较强的语言表达能力，还应当充分考虑竞争对手、听众的心态、临场状况等多种因素，用据理力争的方式，巧妙地说明"他不行，我行"，或"他行，我更行"。当然自我推销要有艺术性，切忌为了竞争而贬低对手，所遵循的原则是"唯真唯实，具体可信"。

竞聘演讲的场景应用

案例一：市自来水营业所副所长的竞聘演讲稿

尊敬的各位领导、主席团成员：

大家好！首先要感谢公司领导提供的这次公平竞争、展示自我的机会！我竞聘的岗位是营业所副所长。

古人说，"不可以一时之得意，而自夸其能，亦不可以一时之失意，而自坠其志"。竞争上岗，有上有下，无论上下，我都将以这句话自勉，一如既往地勤奋学习，努力工作！

我叫×××，××岁，中共党员，大学文化。多年来，我是在在座各位领导的谆谆教诲和各位同事们的帮助下逐渐成长起来的，也得益于各位领导和同事们的关心、指导和支持，我才胜任了这份工作。同时，我以踏实、默默无闻的敬业精神致力于咱们的供水事业，多次被评为先进工作者，并在2005年6月公司的技术比武中获得第一名，8月市职工技术运动会比赛中获得第二名，被授予"市级技术能手"的称号。

我竞聘的理由是：

第一，我业务熟练，专业技术知识过硬。多年来，我在营业所负责大用量户的抄收工作，尤其像鸿翔热电、天宏焦化、天鹰集团等，以认真负责、准确无误的服务得到了用户的一致好评。在抄收远程中针对具体的经济技术指标，我都做了仔细的登记和分析，并依此准确判断了水量变化的趋势。长期、细致、认真的基层工作锻炼了我较高的现场操作能力和理论理解能力。

第二，我认为自己具备了担当该职务所必需的政治素养、个人品质和专业知识。首先，作为一名共产党员，我忠于党的事业，具备一定的政策理论水平。其次，有强烈的革命事业心、政治责任感、忘我的精神状态，以及吃苦耐劳的优良品质和雷厉风行的工作作风。最后，我坚持原则，组织纪律性强，廉洁自律；接受新事物快，有进取精神；能够与人团结共事，有较强的组织协调能力和语言文字表达能力。加之我从基础工作干起，积累了一定的基层管理经验。因此，我认为我能够胜任这个职务！

我的座右铭是"欣赏自己脚印的人只能在原地打转"。在前进的路上，没有最好只有更好，在以后的工作当中，我将一如既往地认真工作、努力学习，同时，会更加充分地调动自己的积极性、主动性，进一步提升自己的全面业务素质。

如果我竞聘成功，我的工作思路是：

第一，以"三个服从"摆正位置，做好助手。"三个服从"是，个性服从党性，感情服从原则，主观服从客观。做到服务不欠位，主动但不越位，服从但不偏位，融洽不空位。日常工作中发现问题及时向所长汇报，并提出合理化建议，协助所长顺利做出正确决策。做到大事多商量，小事多通气，尽职不越权，帮忙不添乱，补台不拆台。

第二，以24字方针配合所长抓好营业抄收工作，这24字方针是："内抓管理，外树形象，搞好服务，强化抄收，团结奋进，开拓发展"。具体如下。

（1）全面可靠保障抄收工作顺利进行。营业所的天职是服务，本质也是服务，体现的价值还是服务。目前的重点任务就是要巩固和开拓用户市场，结合本岗位，强化服务意识，提高服务质量。

（2）注重对职工在业务上的培训，提高整体素质，以适应不断改革发展的需要。加大水费回收力度，提高售水量。

（3）建立和规范一系列的抄收岗位规程，使各种制度规范有序，做事有章可循。

如果我竞聘成功，我要达到的目标是：协助所长，完成分管任务，使抄表到位率、抄表准确率、抄表及时率、水费回收率、产销差率、故障水表拆换率、用户满意率、用户表井"三无"率等指标达标。

如果这次我能竞聘成功的话，我会非常珍惜这个机会，真心真意为大家服务，如果没有得到大家的认可，我也会将竞聘中表现出的勇气，带到今后的工作中去。"堂堂正正做人，兢兢业业做事"，做到"我与企业共命运，企业与我同发展"，努力坚守岗位，奉献自己，服务社会，用青春铸就辉煌，用热情抒写人生！

谢谢大家！

案例二：中学政教处副主任的竞聘演讲稿

站在大家面前的我，稳重而不死板，激进而不张扬，温和而不懦弱，愚钝而不懒惰，正直而不固执。我是一个既具有山的稳重，又具有水的灵动，更有海一样胸怀的人。

今天，我参加政教处副主任职位的竞争，主要基于以下两方面的考虑。

一方面，我认为自己具备担任副主任的素质。

一是有吃苦耐劳、默默无闻的敬业精神。工作前，我参加过"双抢"，工作后，我负责过三个高三班和一个高二班的物理教学。我爱岗敬业，工作踏踏实实、兢兢业业、一丝不苟，不管干什么从不讲价钱，更不怨天尤人。干一行，爱一行，努力把工作做到最好。

二是有虚心好学、开拓进取的创新意识。我思想比较活跃，爱好广泛，关心国家大事，接受新事物比较快，勇于实践，具有开拓精神；同时我朝气蓬勃，精力旺盛，工作热情高、干劲足，具有高昂斗志。

三是有严于律己、诚信为本的优良品质。我信奉诚实待人、严于律己的处世之道。我在日常生活和工作中，不断加强个人修养，以"老老实实做人，勤勤恳恳做事"为信条，严格要求自己，尊敬领导，团结同志，应该说得到了领导和同事一致的肯定。

四是有雷厉风行、求真务实的工作作风。23年的教育生涯，培养了我雷厉风行、求真务实的工作作风，养成了我遇事不含糊、办事不拖拉的工作习惯，造就了我不唯书、不唯上，只唯真、只唯实的工作态度。

另一方面，我认为自己具备担任副主任的才能。

一是有一定的政治素养。我平时比较关心社会生活中的大事，对国家的大政方针有一定的了解，有较高的思想政治觉悟。尤其是做了政协委员后，我更加注重政治理论知识的学习和思想意识的改造，能够始终保持坚定的政治立场和较高的政治敏锐性。

二是有一定的管理能力。十多年班主任工作使我积累了丰富的协调、管理经验。

假如我有幸竞聘成功，我将不负众望，不辱使命，做到"以为争位，以位促为"。

第一，摆正位置，当好配角。在工作中我将尊重主任的核心地位，维护主任的威信，多请示汇报，多交心通气，甘当绿叶。辩证地看待自己的长处和短处，扬长避短，团结协作，做到：到位不越位，补台不拆台。

第二，加强学习，提高素质。一方面加强政治理论知识的学习，不断提高自己的政治理论修养和明辨大是大非的能力。另一方面加强业务知识和高科技知识的学习，紧跟时代步伐，不断充实完善，使自己更加胜任本职工作。

第三，扎实工作，锐意进取。既发扬以往好的作风、好的传统，埋头苦干，扎实工作，又注重在工作实践中摸索经验、探索路子，和大家一起努力把具有特色的政教德育工作进一步发扬光大。

"敬业乐群，踏实奉献"，我将继续以此为座右铭，始终保持对工作的激情，无论遇到什么困难，都坚持原则，保持科学严谨的头脑，充分发挥每个人的积极性和热情，用人所长，发挥群体智慧，共同做好工作。IBM总经理沃森说：对于重用那些个性鲜明、直言不讳却有真才实学、以工作为重的人，我从不犹豫。如果我能在自己的周围发掘许多这样的人，并能耐心地听取他们的意见，那我的工作就会处处顺利。教育人的力量有两种，一种是真理的力量，一种是人格的力量。我们都是凡人，正所谓：尺有所短，寸有所长。但我想，只要每个人充分发挥所长，互相信任、互相学习、互相促进、团结合作，就一定能够做好工作，做出不平凡的事业。

参与竞争，我不敢奢求什么，只想让大家认识我、了解我、帮助我，抑或喜欢我、支持我。也正因为如此，我更加清醒地看到了自身存在的差距，这促使我在今后的工作中，恪尽职守、努力学习、勤奋工作，以绵薄之力来回报学校和同事们。最后以一副对联来结束我的演讲，上联是"胜固可喜，宠辱不惊看花开"，下联是"败亦无悔，去留无意随云卷"，横批是"与时俱进"。

谢谢大家！

案例三：连锁超市经理的竞聘演讲稿

各位领导：

首先，感谢公司提供了这个展示自我的机会，让大家认识我、了解我。"公开、平等、竞争、择优"，这是历史的必然，也是时代发展的要求。这次竞聘对我个人而言是一个重要的激励和挑战，将有益于我个人素质的提高。此次竞争，无论成功与否，我都将一如既往地听从组织的安排，干好自己的本职工作。

我竞聘的岗位是基隆店门店经理。下面我将分三个部分进行我的竞聘演讲。

一、个人简介

我叫李斌，现年28岁，本科学历，现是××超市的行政管理人员。2006年6月到××超市工作至今，主要负责行政管理，店面维护、行业单位客户团购开发，以及门店管理各项工作。工作三年多来，在分部领导的带领下，在同事们的支持配合下，我认真做好各项维护、开发及管理工作，圆满完成了公司总部及分部领导下达的各项任务。部门的相关工作取得了较大的成绩，尤其春

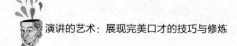

节期间的销售工作，我们门店不断创新，应用各种新思路、新办法，及时迅速地完成了各项开发任务，受到分部领导的好评。

二、对岗位的认识

我竞聘的岗位是××超市经理。随着我国深化改革、现代企业制度的逐步建立和家电市场竞争机制的逐步形成，国际、国内家电业的市场环境已经趋于合理且竞争日益加剧。因此，公司必须以企业文化为基础，以优质服务为运营控制，在不断满足顾客需求的竞争环境中良性发展，真正把企业"做大、做强、做精、做优、做久"。在当前竞争激烈的环境下，我们企业如何保障顾客利益最大化，以人本＋文本＋客本为策动力，是企业生存和发展的基础和关键。

同时，为保证企业财富最大化，我个人认为应按照季节变化、节假日、客流大小、竞争对手动态等因素有序、高效地组织卖场，最大限度挖掘出每平方米店面、每个销售人员的潜能，提高单店的销售和毛利控制，不断优化、提高，并利用严格的规范流程与新的手段，降低运营成本，使企业在竞争中取得更大的优势。

我认为设立本岗位的目的就是要适应当前的竞争环境，提高我公司的运营质量，为一线业务发展做好后台支撑，实现以下主要目标。

（1）组织制定及贯彻落实各项规章制度、销售指标及任务、人员管理办法、库存计划，保障卖场安全、高效、稳定运行。

（2）加强检查、监督力度和人员能力开发，组织店内、店外促销活动，做好人员调配，做好商品排列、布局，协调、配合厂家的现场促销，有效降低企业运营成本。

（3）及时、准确、有策略地开展日常调研，确保价位优势及合理利润并制定针对竞争对手的灵活、阶段性对策。

（4）掌控门店及配送中心库存情况，执行安全库存制度，提高资金使用率，加快资金周转。

（5）对样机进行专项管理，加快样机周转。

（6）组织员工的业务知识和销售技巧培训，制定技术规范、开展技术支援，提高全店人员整体水平。监督员工对促销商品的了解及主推情况。

（7）保证上级公司制定的命令、授权及任务等在门店得到畅通传达、充分理解和有效执行过程中的有效控制，并对结果反馈、分析。

以上7个目标是相辅相成的，全店销售人员整体水平的提高，必将能够保障我店安全、高效、稳定运行，也必将降低企业在运行维护方面的各项运营成本。

三、工作设想

如果这次我能够顺利竞聘成功，我将做好以下工作。

1.协助各部门搞好店面销售，提高岗位执行力，力求高质量地做好计划、组织、领导、控制和管理工作

我认为，门店经理是分部总经理对部门管理的分担者，因此，我要摆正自己的位子，严格做到：工作主动积极不越位，协助管理不越权，加强团结不分散。充分调动部门员工的工作积极性，发挥他们的聪明才智；加强内部员工的业务技术培训，提高全体员工的技术水平。加强各项运营维护管理制度、作业流程、管理办法的执行力度，做好监督、检查、指导、考核，使得各项维护工作能够贯彻、落实。

2.努力完善自我，提高工作能力

在家电零售行业一日千里的今天，尤其是在店面运营维护技术方面，如何加强零售经营的稳定运行能力、营销网络的业务支撑能力，强化一线销售人员技术和意识，做好运营管理系统大客

户的自主开发工作，将会是一个需要认真学习、不断发展的领域。只有不断努力学习，深入实践，才能做到与技术同步，担起技术指导和管理的任务。

3.创新解决问题的方法，加强技术交流和对外协作

店面零售管理人员在不断提高自己水平的同时，还应该能够组织各方面技术力量。我将充分利用公司先进的交流平台，为各部门、各单位提供更加丰富和完善的数据技术支持。另外，还要加强全店销售人员的交流与培训，组织更多更高水平的讲座，提高整体防范意识和技术水平，以保证全店安全、高效、稳定运行。

我将在工作中逐步建立各品类人员、维护专家及相关厂家之间通畅的信息传送途径，共享知识，共享经验，共同提高人员水平和技能。同时，我还将努力建立一个通畅的难题解决途径，使出现的各种问题能够及时得到相关技术人员及专家的支持，并能将类似问题统一发布，使大家得到共同提高。

4.加强应用开发，利用先进的方法进行科学管理，提高管理成效

作为一个零售运营企业，我们在为用户提供优质产品及服务的同时，也应该充分利用自己的资源和行业优势，为本企业建立先进的科学管理平台。以后我们还应加强应用管理开发，充分利用我们的网络资源进行科学管理，提高企业管理水平。

随着经营的日益多样化，零售工作所面临的问题越来越复杂。俗话说，"道高一尺，魔高一丈"，服务售后的领域就是在此消彼长中不断发展，不断进步。服务永远面临着挑战，没有一劳永逸、尽善尽美的解决方案，因此在各项日常售后工作中，不仅要求我们的售后人员随时跟踪，了解售后维护重点工作内容，还要在各种服务不稳定、不安全时不断提出新要求，解决新问题。最重要的是，我们还应加强售后服务的自主开发，这样不仅

可以提高我分部客服的技术水平，还能给后期维护、客户再开发等方面带来便利之处，并且能够为企业节约大量资金，降低企业运营成本。

各位领导，各位同事，以上是我对自己基本情况和工作思路的汇报，不足之处，请批评指正。

谢谢大家！

案例四：医院护士长的竞聘演讲稿

大家好！

在这里我以平常人的心态，参与护士长这个岗位的竞聘。首先应感谢领导为我们创造了这次公平竞争的机会！此次竞聘，本人并非只是为了当官，更多的是为了响应人事制度改革的号召，在有可能的情况下实现自己的人生价值。我现年××岁，中共预备党员，大专文化程度，中级职称。

经过几年护理工作的锻炼，使我各方面素质得以提高，并在近几年取得了一系列荣誉。参与这次竞聘，我愿在求真务实中认识自己，在积极进取中不断进步，在拼搏奉献中实现价值，在市场竞争中完善自己。我深知护士长的工作十分重要，这主要体现在以下三个方面：一是为院领导当好参谋，二是为护理姐妹们当好主管，三是为一线员工当好后盾。具体说就是摆正位置，当好配角；胸怀全局，当好参谋；服从领导，当好助手。我也深知，护士长的工作非常辛苦，正如社会流传的那样：我们的同志就像忠诚的狗、老实的羊、受气的猪、吃草的牛、忙碌的马；他们像蜡烛一样，燃烧自己，照亮别人；他们像竹一样，掏空自己，甘为人梯。

如果我竞聘成功，我的工作思路是：以"三个服从"要求自己，以"三个一点"找准工作切入点，以"三个适度"为原则与

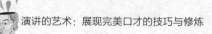

人相处。"三个服从"是个性服从党性，感情服从原则，主观服从客观。做到服务不欠位，主动不越位，服从不偏位，融洽不空位。"三个一点"是当上级要求与我实际工作相符时，我会尽最大努力去找结合点；当科室之间发生利益冲突时，我会从政策法规与工作职责上去找平衡点；当领导之间意见不一致时，我会从几位领导所处的角度和所表达的意图上去领悟相同点。

做到对同事多理解、少埋怨，多尊重、少指责，多情义、少冷漠。刺耳的话冷静听，奉承的话警惕听，反对的话分析听，批评的话虚心听，力争在服务中显示实力，在工作中形成动力，在创新中增强压力，在与人交往中凝聚合力。

如果我竞聘成功，我的处事原则和风格是，努力做到严格要求、严密制度、严守纪律，勤学习、勤调查、勤督办。以共同的目标团结人，以有效的管理激励人，以自身的行动带动人。努力做到大事讲原则，小事讲风格，共事讲团结，办事讲效率。管人不整人，用人不疑人。我将用真情和爱心去善待我的每一个同事，使他们的人格得到充分尊重，给他们一个宽松的发展和创造空间。我将用制度和岗位职责去管理我的同事，让他们像圆规一样，找准自己的位置；像尺子一样公正无私；像太阳一样，给人以温暖；像竹子一样每前进一步，小结一次。

如果我竞聘成功，我的工作目标是："以为争位，以位促为"。争取领导对我们科室工作的重视和支持，使科室工作管理制度化、服务优质化、参谋有效化。让我们的科室成为领导的喉舌，沟通员工与院里领导之间关系的桥梁，宣传精神文明的窗口，传播护理文化的阵地，培养人才的摇篮，联结护患合作的纽带。我愿与大家共创美好的未来，迎接我们大家庭——辉煌灿烂的明天。

谢谢大家！

就职演讲

就职演讲稿的写作

就职演讲稿目前没有固定的格式和内容要求，但一般由标题、称谓、正文、落款四部分构成。

标题

就职演讲稿的标题有多种写法，一般由事由加文种组成。

称谓

在标题下顶格书写称谓。演讲者面对的听众一般有三种：一是主管单位领导与本单位员工，称谓用"各位领导、全体同志"；二是全体人民代表，称谓用"各位代表"；三是主管单位领导，所属单位员工代表，称谓用"各位领导、各位代表"。

正文

就职演讲稿的正文一般由开头、主体、结尾三部分组成。

1. 开头

就职演讲的开头部分，要对领导和群众的信任表示感谢。

同时，简明扼要地介绍自己就任的原因想法、背景环境、心情感受等。就职演讲将会给大家留下自己在这个职位上的第一印象，因此至关重要。而开头则是关于演讲的第一印象，更为重要。

开头部分能够有特色自然是好，如果没有把握，切不可为了出新而出新，以免弄巧成拙。因此，就职演讲的开头不妨稳妥一点的好，有什么"精彩片段"可以留在主体部分慢慢发挥。例如，一位新当选的县长在他就职演讲的开头说道："今天，是我最难忘的日子、最荣幸的日子，也是最激动的日子。在此，让我向各位人大代表表示衷心的感谢！向在座的各位领导、同志们和全县35万父老乡亲表示崇高的敬意！"这样开篇恳切自然，虽不能给人以"惊艳"的刺激，但还是能给听众以良好的印象和感受。

2. 主体

就职演讲的主体部分应首先简单地介绍演讲者本人的基本情况，对当前形势和环境的分析，对可能存在的问题的解剖，对发展前景的展望。接着明确地表述自己任职期间的施政纲领和思路，以及在这个职位上的长期、中期、短期目标。然后详细地说明短期目标的具体任务、工作方法、考核方式和可能存在的困难。最后讨论工作的价值和完成任务的可行性，并倾听群众提出的意见和建议。

3. 结尾

就职演讲的结尾部分，在感谢领导和群众的信任后，更重要的是展望未来、表示决心、发出号召、振奋士气，给听众以鼓舞和激励，如就职者在演讲结尾时，热情洋溢地说："人心齐，泰山移。各位代表，各位领导、同志们，只要我们同心同

德，群策群力，我们的目标就一定会实现，我们的事业就一定
会成功，我们的明天就一定会更辉煌！"一个好的就职演讲的
结尾，能够使听众有一种热血沸腾的感觉，有想马上跟演讲者
一起去做些什么的激情。

另外，就职演讲的场合，一般都比较庄重严肃。但这并
不意味着就职演讲者就要板着面孔，更不表示应该打官腔说套
话。多说一些通俗风趣的话，远比官样文章更能讨人喜欢。

落款

一般是署上姓名和日期。

就职演讲的场景应用

案例一：美国第44任总统奥巴马就职演讲

同胞们：

我今天站在这里，深感面前使命的重大，深谢你们赋予的信
任，并铭记我们前辈所付出的代价。我感谢布什总统对国家的贡
献以及他在整个过渡阶段给予的大度合作。

至此，有44个美国人发出总统誓言。这些字词曾在蒸蒸日上
的繁荣时期和宁静安详的和平年代诵读。它们也间或响彻在阴云
密布、风暴降临的时刻。美国能够历经这些时刻而勇往直前，不
仅是因为当政者具有才干或远见，还因为"我们人民"始终坚信
我们先辈的理想，对我们的建国理念忠贞不渝。这是过来之路。
这是这一代美国的必由之路。

我们处于危机之中，这一点已得到充分认识。我国在进行战
争，在打击分布广泛的暴力和仇恨势力。我们的经济严重衰弱，

部分归咎于一些人的贪婪不轨，同时也因为我们作为一个整体，未能痛下决心，让国家做好面对新时代的准备。如今，住房不在，就业减少，商业破产，医疗保健费用过度昂贵，学校质量没有保障；而每一天都在不断显示，我们使用能源的方式在助长敌人的威风，威胁我们的星球。

这些是危机的迹象，数据统计将予以证明。不易于衡量然而同样严重的是全国各地受动摇的信心——一种挥之不去的恐惧感，认为美国将不可避免地走下坡路，下一代人不得不放低眼光。

今天，我告诉大家，我们面临的挑战真实存在，并且严重得多。它们不可能在短时间内被轻易征服。但是，美国，请记住这句话——它们终将被征服。

我们今天聚集在这里是因为我们选择希望而不是恐惧，选择齐心协力而不是冲突对立。

我们今天在这里宣告，让斤斤计较与虚假承诺就此结束，让窒息我国政治为时太久的相互指责和陈词滥调就此完结。

我们仍是一个年轻的国家，但用《圣经》的话说，现在是抛弃幼稚的时候了。现在应该是我们让永恒的精神发扬光大的时候，应该是选择创造更佳历史业绩的时候，应该是将代代相传的宝贵财富、崇高理想向前发展的时候：上帝赋予所有人平等、所有人自由和所有人充分追求幸福的机会。

在重申我们国家伟大精神的同时，我们懂得，伟大并非天生，而是必须赢得。我们的历程从来不是走捷径或退而求其次的历程。它不是弱者的道路——它不属于好逸恶劳或只图名利享受的人；这条路属于冒险者、实干家、创造者——有些人享有盛名，但大多数是默默无闻、耕耘劳作的男女志士，是他们带我们走向通往繁荣和自由的漫长崎岖之路。

为了我们，他们打点起贫寒的行装上路，远涉重洋，追求新生活。

　　为了我们，他们在血汗工厂劳作，在西部原野拓荒，忍着鞭笞之痛在坚硬的土地上耕耘。

　　为了我们，他们奔赴疆场，英勇捐躯，长眠于康科德、葛底斯堡、诺曼底和溪山。

　　为了我们能够过上更好的生活，他们前赴后继，历尽艰辛，全力奉献，不辞劳苦，直至双手结起层层老茧。他们看到的美国超越了我们每一个人的雄心壮志，也超越了所有种族、财富或派系的差异。

　　今天，作为后来者，我们踏上了这一未竟的旅程。我们依然是地球上最繁荣、最强大的国家。我们劳动者的创造力并没有因为眼前的这场危机而减弱。我们的头脑依然像以往那样善于发明创新。我们的产品与服务仍旧像上星期、上个月或去年一样受人欢迎。我们的能力丝毫未损。但是，维持现状、保护狭隘的利益集团，推迟困难抉择的时代无疑已成为过去。从今天起，我们必须振作起来，扫除我们身上的尘土，重新开启再造美国的事业。

　　无论我们把目光投向何处，都有工作在等待着我们。经济形势要求我们果敢而迅速地行动，我们将不辱使命——不仅要创造新的就业机会，还要打下新的增长基础。我们将建造道路和桥梁、架设电网、铺设承载我们的商务和把我们紧密相连的电子通信网络。我们将恢复尊重科学的传统，利用高新技术的超常潜力来提高医疗保健质量并降低成本。我们将利用太阳能、风力和地热为车辆和工厂提供能源。我们将改造我们的中小学和高等院校，以应对新时代的挑战，这一切我们都能做到，这一切我们必将做到。

　　现在，有人怀疑我们的雄心壮志——他们说我们的体制不能承受太多的宏伟规划。他们的记忆是短暂的，因为他们忘记了这个国家已经取得的成就，忘记了一旦共同的目标插上理想的翅

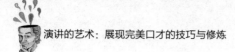

膀，现实的要求鼓起勇气的风帆，自由的人民就会爆发出无穷的创造力。

那些冷眼旁观的人没有认识到他们脚下的大地已经移动——那些长期以来空耗我们精力的陈腐政治观点已经过时。我们今天提出的问题不是我们的政府太大还是太小，而是它是否行之有效——它是否能够帮助人们找到报酬合理的就业机会，是否能够为人们提供费用适度的医疗保健服务，是否能够确保人们在退休后不失尊严。如果回答是肯定的，我们就要向前推进；如果回答是否定的，计划和项目必须终止。作为公共资金的管理者，我们必须承担责任——明智地使用资金，抛弃坏习惯，在阳光下履行职责——因为只有这样我们才能恢复人民对政府至关重要的信任。

我们提出的问题也不在于市场力量是替天行道还是为虎作伥。市场在生成财富和传播自由方面具有无与伦比的力量，但这场危机提醒我们：没有严格的监督，市场就会失控——如果一个国家仅仅施惠于富裕者，其富裕便不能持久。我们的经济成功从来不是仅仅依赖国内总产值的规模，而是还依赖繁荣的普及，即为每一位愿意致富的人提供机会的能力——不是通过施舍——因为这才是最可靠的共同富裕之路。

至于我们的共同防御，我们决不接受安全与理念不可两全的荒谬论点。建国先贤面对我们难以想见的险恶局面，起草了一部保障法治和人权的宪章，一部子孙后代以自己的鲜血使之更加完美的宪章。今天，这些理念仍然照耀着世界，我们不会为一时之利而弃之。因此，对于今天正在观看此情此景的其他各国人民和政府——从最繁华的首都到我父亲出生的小村庄——我们希望他们了解：凡追求和平与尊严的国家以及每一位男人、妇女和儿童，美国是你们的朋友。我们已经做好准备，再一次走在前面。

回顾过去，几代人在战胜法西斯主义时依靠的不仅仅是导弹

和坦克，更是牢固的联盟和不渝的信念。他们懂得单凭实力无法
保护我们的安全，实力也并不赋予我们随心所欲的权利。相反，
他们知道审慎使用实力会使我们更强大；我们的安全源于事业的
正义性、典范的感召力，以及谦卑和克制的平衡作用。

我们是这一传统的继承者。我们只要重新以这些原则为指
导，就能应对那些新威胁，为此必须付出更大的努力——推动国
家间更多的合作与理解。我们将开始以负责任的方式把伊拉克移
交给伊拉克人民，并在阿富汗巩固来之不易的和平。我们将与多
年的朋友和昔日的对手一起不懈地努力，减轻核威胁，扭转全球
变暖的厄运。我们不会在价值观念上退缩，也不会动摇捍卫它的
决心，对于那些妄图以煽动恐怖和屠杀无辜的手段达到其目的的
人，我们现在就告诉你们，我们的意志更加顽强、坚不可摧；你
们无法拖垮我们，我们必将战胜你们。

因为我们知道，我们百衲而成的传统是一种优势，而不是劣
势。我们是一个由基督教徒、穆斯林、犹太教徒、印度教徒，以
及无宗教信仰者组成的国家。我们受惠于地球上四面八方每一种
语言和文化。我们饮过南北战争和种族隔离的苦水，走出了那个
黑暗时代并变得更加坚强和团结，我们不能不相信昔日的仇恨终
有一天会成为过去，部族之间的界线很快会消失。随着世界变得
越来越小，我们共同的人性将得到彰显，美国必须为迎来一个和
平的新纪元发挥自己的作用。

面对穆斯林世界，我们寻求一条新的前进道路，以共同利益
和相互尊重为基础。对于世界上那些妄图制造矛盾、将自己社会
的弊端归罪于西方的领导人，我们奉劝你们：你们的人民将以你
们的建设成就而不是你们的毁灭能力来评判你们。对于那些依靠
腐败、欺骗、压制不同意见等手段固守权势的人，我们提醒你
们：你们站在了历史错误的一边，但只要你们放弃压迫，我们将

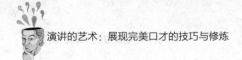

伸手相助。

对于贫困国家的人民，我们保证同你们并肩努力，使你们的农田丰收，让清洁的用水取之不竭，使饥饿的身体得以饱食，使饥渴的心灵受到滋润。对于那些像我们一样比较富裕的国家，我们要说我们再不能对他人的苦难无动于衷，也再不能肆意消耗世界的资源。世界已经改变，我们必须与时俱进。

在思索我们面前的道路时，我们怀着崇敬的心情感谢此刻正在偏远的沙漠和山区巡逻的英勇无畏的美国人。他们向我们述说着什么，正如在阿灵顿公墓长眠的阵亡英雄在漫漫岁月中低浅的吟诵。我们崇敬他们，不仅因为他们捍卫着我们的自由，还因为他们代表着献身精神，体现了超越个人、寻求远大理想的意愿。在这个时刻，这个具有划时代意义的时刻，我们大家必须具备的正是这种精神。

虽然政府能有许多作为也必须有许多作为，但最终离不开美国人民的信仰和决心，这便是我国的立国之本。正是因为人们在大堤崩裂时接纳陌生人的关爱之情，正是因为工人们宁愿减少自己的工时而不愿看到朋友失去工作的无私精神，才使我们度过了最暗淡的时光。正是因为消防队员们有勇气冲进浓烟滚滚的楼道，也正是因为做父母的希望培养一个孩子，我们才能决定最后的命运。

我们面临的挑战可能前所未闻。我们迎接挑战的方式也可能前所未有。然而，我们赖以成功的价值观——诚实和勤奋、勇气和公平、宽容心和探索精神、忠诚和爱国——均由来已久，这些价值观都是千真万确的，这些价值观是我国整个历史过程中一股无声的进步力量。现在需要的便是重归这些真理。我们现在需要做的是开创负责任的新时代——每一位美国人都需要认识到我们对自己、对国家、对全世界都承担着义务。对于这些义务，我们并非勉强接受，而是心甘情愿主动承担，同时坚信我们能为艰巨的使命付出一切，没有任何事可以如此满足我们的道义感，也没有任何事能如此体现我们的特性。

这就是公民的义务和承诺。

这就是我们自信的来源——认识到上帝呼唤我们在前途不明的情况下掌握自己的命运。

这就是我们的自由和我们坚守的信条具有的意义——说明了为什么各种族、各类信仰的男女老少能在这个雄伟的大草坪上欢聚一堂，也说明了为什么今天有人能站在这里进行最庄严的宣誓，但他的父亲在不到60年前还不能在当地餐馆受到接待。

为此，让我们记住这一天，记住我们是什么样的人，记住我们已经走过了多长的路。在美利坚诞生之初的年月，在那些最寒冷的日子里，为数不多的爱国者聚集在一条冰河的岸边，身旁的篝火即将熄灭。首都已经撤防。敌人正在进军。雪地沾满了斑斑血迹。在我们的革命不知何去何从、结局最难以估计的时刻，我国的开国元勋决定向人民宣读以下这段话。

"让我们昭告未来的世界……在这个酷寒的冬季，万物一片萧索，只有希望和美德坚忍不拔的时候……这个城市和这个国家，受到共同危难的召唤，挺身而出，奋起迎战。"

美利坚，在我们面临共同危难之际，在我们遇到艰难险阻的冬日，让我们牢记这些永恒的话语。心怀希望和美德，让我们再一次迎着寒风中流击水，不论什么风暴来袭，必将坚不可摧。今后，让我们的后代子孙如此评说：我们在遇到考验的时候没有半途而废，没有退缩不前，也没有丝毫动摇。让我们全神贯注于前方的目标，感谢上帝对我们的恩典，继承自由这个宝贵的传统，世代相传，永志不忘。

谢谢。上帝保佑你们。天佑美国。

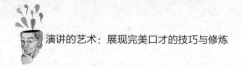

案例二：美国第45任总统特朗普就职演讲

谢谢，首席大法官，卡特总统，克林顿总统，布什总统，奥巴马总统，美国人民，世界人民，感谢你们。

我们美国公民现在勠力同心，重建国家，重拾对人民的承诺。我们将一同完成美国和世界等候多年而未竟之事业。我们将面对挑战和困难，但是我们终将完成我们的工作。

每四年，我们站在这些台阶（国会山）上，在秩序与和平中交接权力。我们感谢奥巴马总统和第一夫人米歇尔·奥巴马，感谢他们为政权交接所提供的慷慨的帮助。他们很了不起。谢谢。

今天的典礼，意义非同寻常。今天我们不仅仅是把权力从一个政府转交给另一个政府，或者从一个政党转交给另一个政党，而是将权力从华府权贵的手中归还给人民。

长久以来，我们首都中的一小批人享用着利益的果实，而民众却要承受代价。华府欣欣向荣，却未和人民公诸同好。政客贪位慕禄，而工作渐渐流逝，工厂一一关闭。建制派自顾利禄，而忘记人民应该被保护。

他们的成功不属于你们，他们的光荣与你们无关，他们在首都庆贺，但是全国各地奋斗的一个个家庭却在挣扎。这些都将得到改变，从此时此地开始。因为这一刻是你们的时刻，这一刻属于你们。

这属于每一个聚集到这里的人，还有全国每一个观礼的人。这是你们的日子，这值得你们庆祝。美利坚合众国，是你们的国家。

真正重要的不是谁在执掌我们的政府，而是我们的政府是否民有。2017年1月20日将再次成为人民变成国家主人的一天。

我们国家中被遗忘的男男女女将不会再被遗忘。所有人都将听取你们的声音。你们和千百万人一道投入这一历史性的运动中，而世界从未有此盛况。

这场运动的核心是，坚信一个国家的存在就是为了服务其民众。美国民众希望孩子得到优质教育、安定环境和良好工作。

此乃正直人民所发出的公正合理之诉求。但是对于大多数人来说，现实却远不相同。在内城中生活的母子们深陷贫穷，工厂锈迹斑斑好似墓碑，学校充斥的权钱交易让年轻学子得不到应有的知识。犯罪、黑帮还有毒品已经夺去了太多生命，盗走了太多未能发觉的天赋。这场对美国人民的屠杀将在此时此地停止！

我们是一国之同胞，他们的苦难就是我们的苦难，他们的梦想就是我们的梦想，他们的成功也将是我们的成功。我们心心相连，共享家园，承载同样光荣的命运。

我今天所做之宣誓将忠于所有美国人民。几十年来，我们以牺牲美国工业为代价，发展外国工业。以消耗美国军队为代价，援助外国军队。以破坏美国边境为代价，保护着外国边境。

我们在海外倾尽所有，而我们的基础设施却年久失修、陈腐破败。我们助他国致富，而我国的财富、力量和信心已经渐渐消逝在地平线上。工厂一个个关停，搬往他处，上千万的美国工人被丢在脑后。财富从我们中产阶级的手中流逝，却被分配到了世界各地。

但是那些都是过去，现在我们将直面未来。

我们今天聚集在这里，是为了发出新的法令，并使之响彻每座城市，每个国都和每个权力殿堂。从今天起，一个新的愿景将领导这片土地。从今天起，只有美国第一，美国第一！

每一个贸易、税收、移民和外交的决定都将以美国劳工和美国家庭的福祉为第一考虑要素。我们必须保护我们的边界免受他国蹂躏，因为他们生产我们的商品，偷走我们的公司，破坏我们的工作机会。

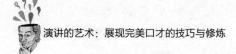

只有保护，才能带来繁荣富强。我会倾尽全力为你们而战，而我永远不会让你们失望。

我们将夺回我们的工作，我们将夺回我们的边界，我们将夺回我们的财富，我们将夺回我们的梦想。在我们辽阔的土地上，我们将建设新的道路：高速公路、桥梁、机场、管道、铁路。我们将让我们的人民不再依赖福利，而是重返岗位。用美国工人的双手重建我们的国家。我们将遵循两个简单的原则：买美国货，雇美国人！

我们将与各国修睦，并建立共识。各国皆有权将其利益置于首位。我们不谋求迫使他人接受我们的生活方式，但会让美国模式成为闪亮的榜样，使它照耀每一个选择和我们同路的人。

我们将重振旧友，再造新盟。团结文明国家，对抗恐怖主义，我们将会把他们从地表荡除。

国政之基石将建立在对美利坚合众国的完全忠诚之上，通过这忠诚，我们将重建同胞之诚，守望相助。当你全心爱国，将无暇偏见。

《圣经》告诉我们，当上帝子民同舟共济之时将满是良善喜乐。我们需要诚心正意，以团结为目的来辩论分歧。当美国合众，美国将势不可当。

人们不应害怕，我们正被保护，也将受保护，我们将被军中和执法队伍中的男男女女保护。最重要的，我们将得到上帝的护佑。

最后，我们当志存高远。在美国，我们深知一个国家只有不断奋斗才可以长存。我们将不再忍受那些光说不练的政客，不断抱怨却毫无行动。

空谈误国，实干兴邦。

不要让任何人对你说你不行，美国将再奏凯歌，且更胜往昔。没有任何挑战可以大过美国的决心与奋斗的精神，我们永不失败。我们的国家会再度振作，重现繁荣。我们站在新千年的起点，准备好破解宇宙之谜，战胜疾病，掌握明日之能源、工业与科技。新的国家荣耀将振奋人心、开阔视野、愈合分裂。是时候重拾军中的古老智慧了，不论我们肤色为何，我们同流爱国之血。

我们共享光荣的自由，同敬美国伟大的旗帜。

不论一个孩子是生在底特律杂乱无章的城区之中，还是内布拉斯加暴风肆虐的平原之上，他们共有同一片夜空，同呼吸、共命运。

在所有城市中的美国人民，不论远近，不论大小，从山到山，由海至海，听我之声，你们不会再被忽视。

你们的声音，你们的希望，你们的梦想将诠释美国的命运。你们的勇气，你们的善良，你们的爱心将为我们引路。携手并进，我们将让美国再次强大，我们将让美国再次富裕，我们将让美国再次骄傲，我们将让美国再次安宁。是的，同舟共济，我们将实现美利坚的伟大复兴！

谢谢你们，上帝保佑你们，上帝保佑美国，谢谢你们，上帝保佑美利坚！

案例三：俄国总统普京2012年就职演讲

亲爱的俄罗斯公民们，亲爱的朋友们：

对于我来说，刚刚我已经郑重地向全俄罗斯的公民宣誓，我将把捍卫国家的利益还有人民的人权、全心全意为人民服务永远视为我最为神圣而至上的职责，我不会辜负俄罗斯公民对我的厚爱和期待。我将用我毕生的精力去捍卫俄罗斯，为服务人民而努力。

我们在一起经历了很多，我们共同走过特别困难的一段历史，也正是由于这些困难，我们所有人变得更加团结，我们永远站在一起。

现在，我们取得了一些成绩，我想说这都是我们大家通力合作的结果，我非常想感谢所有的人，所有那些为了我们的国家发展、人民生活更好而做出贡献的人们。那么现在，俄罗斯在过去这些年当中，经济已经有了很明显的改善，社会各方面也有了一定的改善，在梅德韦杰夫就任总统执政期间，俄罗斯社会各个方面都取得了一定的成绩，因此我要感谢他。

我也要祝愿梅德韦杰夫在新的总理的岗位上，能够取得新的成绩。

在未来的六年当中，我将会继续把捍卫国家权益、人民权益视为最重要的工作任务。在经济方面保持经济的大幅增长，这一项目标是离不开所有人通力合作和努力的。我们一直想重振俄罗斯的雄风，让俄罗斯在世界的舞台上能够得到超级大国这样一个地位。

我们也要捍卫俄罗斯的民主、扩大人权的自由还有经济的自由。我们俄罗斯有自己的特点，因为它是多民族、多宗教信仰的国家，所以我想对于这样一个国家来说，捍卫这个国家的凝聚力是一个非常重要的任务。只有在非常稳定的、非常良好的文化和社会基础上，我们才能渡过一个又一个难关。

我想说，如果我们每一个人都能够热爱我们的祖国，热爱我们的人民，在把俄罗斯变成世界大国、使人民生活得更好的这条道路上，我们就会走得更顺。俄罗斯是一个民主国家，在这样的一个国家内，我希望通过我的努力能够让每个人都能各尽其能，各司其职。我非常相信、确认我跟我的这些同人们有共同的目标，那就是让俄罗斯能够大步地发展，让国家更加地公正、更加公平。

我们的国家在历史上创造了一页又一页的辉煌，正是由于这样辉煌的历史，我们的人民才能创造一个又一个奇迹，我很感谢在座的各位，谢谢大家。

述职演讲

述职演讲稿的写作

　　近几年来，我国进行干部体制改革，实行了岗位责任制和干部聘任制。受聘的干部或由选举出任的干部，在一定时期内，要向有关部门报告其在任期内的工作实绩，于是逐步形成一种新的应用文体，称为述职演讲。

　　述职演讲是党政机关、人民团体、企事业单位的干部，向主管领导部门、人事部门或选区的选民，或本单位的职工群众，陈述自己在一定时期内的工作实绩、问题和设想的自我述评性的报告文书，是促进和监督干部忠于职守，组织人事部门正确选拔任用干部，考核干部，克服用人上、看人上的主观主义、官僚主义，提高干部政策、思想水平的有效工具。

　　述职演讲，最初曾以"总结"或"汇报"的形式出现，经过一段时间的使用，逐步形成了独具特色的体式。

充分反映自己在任期内的实绩和问题

　　述职是考评干部的重要一环，也是干部自觉接受组织和群众监督的一种有效形式。干部做述职报告，是为了让组织和群众了解和掌握干部德才状况和履行职责的情况。因此，述职报告应该充分反映自己在任期内的工作实绩和问题，即写出自己在岗位上为国家和人民办了什么实事，结果怎么样，有哪些贡献，还有哪些不足，包括工作效率、完成任务的指标、取得的效益等。工作实绩如何，是检验干部称职与否的主要标志，述职人要充分认识这一点，实事求是地把自己的工作实绩和问题反映出来。

实事求是地评价自己

对自己的评价要实事求是，不夸大，不缩小；要准确恰当，有分寸，不说过头话、大话、假话、套话、空话。要做到这样，应注意处理以下几个关系。

（1）处理好成绩和问题的关系，就是理直气壮摆成绩，诚恳大胆讲失误。

（2）处理好集体与个人的关系，不能把集体之功归于个人，也不要抹杀了个人的作用，必须分清个人实绩和集体实绩。

（3）在表述上要处理好叙和议的关系，要以叙述为主，把自己做过的工作实绩写出来，不要大发议论，旁征博引，议论也只是对照岗位规范，根据叙述的事实引出评价，不能拔高。

抓住重点，突出个性

述职演讲，一般宜占用30分钟，如果用书面表述，一般以3000字以内为宜。因此，表述的内容应抓住重点，抓住最能显示工作实绩的大事件或关键事写入述职报告。凡重点工作、经验、体会或问题等，一定要有理有据、充实具体，而对一般性、事务性工作，宜概括说明，不必面面俱到。抓住重点，突出中心，还应突出自己的特色，突出自己独有的气质、独有的风格、独有的贡献，让人能分辨出自己在具体工作中所起的作用。

述职演讲稿的写法

述职演讲稿没有固定的写作模式，根据不同类型和主旨，可以灵活安排结构。一般由标题、抬头、正文、落款四部分组成。

1. 标题

述职报告的标题，常见的写法有三种。

（1）文种式标题，只写《述职报告》。

（2）公文式标题，姓名＋时限＋事由＋文种名称。

（3）文章式标题，用正题，或正副题配合。

2. 抬头

对听者的称谓如"各位代表""各位委员""各位同志"，或"各位领导，同志们"。

3. 正文

述职演讲的正文，由开头、主体、结尾三部分组成。

（1）开头。开头，又叫引语，一般交代任职的自然情况，包括何时任何职、变动情况及背景；岗位职责和考核期内的目标任务情况及个人认识；对自己工作尽职的整体评估，确定述职范围和基调。这部分要写得简明扼要，给听者一个大体印象。

（2）主体。主体，是述职报告的中心内容，主要写实绩、做法、经验、体会或教训、问题，要着重写好以下几个方面。

对党和国家的路线、方针、政策、法纪和指示的贯彻执行情况；对上级交办事项的完成情况；对分管工作任务完成的情况；在工作中出了哪些主意，采取了哪些措施，做出了哪些决策，解决了哪些实际问题，纠正了哪些偏差，做了哪些实际工作，取得了哪些业绩；个人的思想作风、职业道德、廉洁从政和关心群众等情况；写出存在的主要问题，并分析问题产生的原因，提出今后改进的意见和措施。

这部分，要写得具体、充实、有理有据、条理清楚。由于这部分内容涉及面广、量多，因此宜分条列项写出。"条""项"要注意内在逻辑关系。

（3）结尾。结尾一般写结束语。用"以上报告，请审阅""以上报告，请审查""特此报告，请审查""以上报告，请领导、同志们批评指正"等作结。

4.落款

述职报告的落款，写上述职人姓名和述职日期或成文日期。署名可以放在标题之下，也可以放在文尾。

述职演讲稿的注意事项

述职演讲不同于工作汇报，不同于施政演讲，不同于工作总结，也不同于行政公文中的报告。它是总结报告的一种特殊形式，其主要特点在于"述职性"。写作上要注意以下几点。

1.有鲜明的个性

任何文章都有自己的特点，述职演讲稿这个文种对个性的要求尤为突出。每篇述职演讲稿都是特定的述职者写的，而由于每个述职者的职务不同，主管、分管的工作各异，思想素质、政策水平、业务能力、工作经验和取得的成绩也都各不相同，因此，在述职演讲的写作中，绝不能千篇一律、千人一面，而要体现出"鲜明的个性"。如果说有些文章（如领导讲话）允许他人代笔的话，那么述职演讲则绝对不可以由他人代笔。

在写述职演讲稿时，要写自己的工作实绩，紧紧围绕自己的工作做文章。我国的领导体制是集体领导下的个人分工负责制。每个述职者，特别是一些领导干部，在撰写述职演讲稿时，既不能把实绩和问题都归为集体作用的结果，也不可以把集体的政绩和下属的工作成绩当作自己的工作实绩来写。在行文中，要具体分析个人履行的职责与班子整体配合发挥职能的情况，应该突出在集体或下属取得的成绩中自己出了哪些主意，做了哪些组织和协调工作，进行了哪些宏观和微观的指导，帮助制定了哪些规章制度，并进行了哪些有效的监督等。只有这样实事求是、实实在在地去写，才能既突出述职者在工作中的德、能、勤、绩，又能充分展示领导者的领导才华和风貌。

2. 报喜也要报忧

写述职演讲稿，充分展示工作成绩是十分必要的。工作成绩是工作能力、工作业绩的集中体现，述职当然要充分肯定成绩。然而，做工作不可能没有缺点和问题。写述职演讲稿应坚持一分为二、实事求是的原则，成绩要讲，缺点也要讲，既要报喜，也要报忧。

有的人写述职演讲稿，只报喜不报忧，或多报喜少报忧。有的大谈特谈成绩，一味地为自己唱赞歌，对工作中存在的问题和矛盾视而不见，甚至是有意地加以掩饰，这就不是实事求是的态度。产生这类问题的原因是，有的述职者骄傲自满，讲起"过五关"眉飞色舞，一说"走麦城"就吞吞吐吐，对自己的工作不能做出客观、公正的评价；还有的述职者怀有某种私心，从个人主义、本位主义出发，有意夸大成绩，掩饰缺点，唯恐缺点说多了会否定自己的成绩。其实，只有既肯定成绩，又不回避问题，报喜也报忧，才能给组织人事部门、领导与群众留下诚信的印象，产生良好的述职效果。

3. 做到全面与重点相结合

撰写述职演讲稿有两个常犯的错误：一是过于求全，生怕遗漏了自己的工作成绩，于是就来了个甲乙丙丁、一二三四，看上去似乎面面俱到，成绩不小，可仔细一琢磨，就会发现，所有的工作都"平分秋色"，毫无主次之分。二是过于突出个别政绩，全面工作情况得不到有效反映。

事实上，述职演讲稿的写作目的不是为了评功摆好，而是为了说明是否称职。因此，写述职演讲稿必须全面而又有重点地把履行职责的实绩和履行职责的能力表现出来。所谓"全面"，就是把全部工作分成几大类，概述所取得的主要成绩，同时，也客观如实地指出工作中存在的问题和薄弱环节。所谓"重点"，就是紧紧围绕"职责"二字，详细叙述几项有代表性的工作业绩。要以"面"反映工作的量和质，以"点"来展示工作的手段、方法和能力。这样，全面与重点相结合，写出来的述职演讲稿就一定能收到较好的效果。

4. 以叙述为主，兼用议论

述职演讲稿的主要表达方式是叙述和说明，即述说自己履行职责的情况，述说自己在职权范围内做了哪些开拓性的工作。在叙述和说明的同时，也兼用议论这种表达方式，即对自己的任职情况有一定的分析和评估，把感性认识上升到一定的理论高度，总结出带有规律性的东西。

当然，这种议论和政论文中的议论不同，它不是架空的，也不能是长篇大论的，而只能是从工作实际出发，画龙点睛的、恰如其分的议论，做到"辞达而已矣"。如果只有叙述没有议论，就会变成罗列现象，堆砌事实；如果议论过多不重叙述，给人的感觉就会是空洞无物、华而不实。因此，写述职演讲稿一定要把观点和材料统一起来，虚实结合，理论联系实际。

述职演讲的主要体式

1. 自述性

要求述职演讲人，自己述说自己在一定时期内履行职责的情况。因此，必须使用第一人称，采用自述的方式，向有关方面报告自己的工作实绩。

这里所谓的实绩，是指报告人在一定时期内，按照岗位规范的要求，为国家做了什么事情，完成了什么指标，取得了什么效益，有什么成就和贡献，工作责任心如何，工作效率怎样。但是，要特别强调：所写的内容必须真实，是实实在在已经进行了的工作和活动，事实确凿无误，切忌弄虚作假。

2. 自评性

要求在述职演讲中，依据岗位规范和职责目标，对自己任期内的德、能、勤、绩等方面的情况，做自我评估、自我鉴定、自我定性。述职人必须持严肃、认真、慎重的态度，既要对自己负责，也要对组织负责，对群众负责。对工作的走向，前因后果，要叙述清楚，评得恰当；所叙述的事情，要概述，让人一目了然，并从中引出自评。但要注意：切忌浮泛的空谈，切勿引经据典的论证，定性分析必须在定量证明的基础上进行。

3. 述职性

就是要求述职人明白自己的"身份"，放下官架子，以被考核，要接受评议、监督的人民公仆的身份，履行职责做报告。要认识到，自己是在向上级汇报工作，是严肃的、庄重的、正式的汇报，是让组织了解自己、评审自己工作的过程，因此，语言必须得体，应礼貌、谦逊、诚恳、朴实、掌握分寸，切不可傲慢、盛气凌人、夸夸其谈、浮华夸饰。报告内容必须实在、准确，而且要用叙述的方式，将来龙去脉交代清楚。

述职演讲的场景应用

案例一：美国第44任总统奥巴马2016年述职报告

议长先生、副总统先生、各位国会议员和美国同胞们：

今晚是我在这里做国情咨文的第八个年头，也是最后一次。

我也理解此时正值大选之季，因此公众对我们今年成就的期望并不高。但是，议长先生，您以及其他领导人2015年年末通过了建设性的预算决议，使得工薪家庭减税计划能够长久实施下去，我对此深表感激。因此我衷心希望今年两党能够在一些重要事务上同心协作，比如，推行刑事司法改革，帮助那些与处方药滥用行为抗争的人们。我们很可能会让质疑者们再次大吃一惊。

在今晚，我打算少谈些像往年那样的发展计划。但别担心，我还是有很多计划要谈，比如，帮助学生学习编写计算机代码，以及对病人进行个性化治疗。我将继续推动这些未竟事业的进步；完善有漏洞的移民体系；保护我们的孩子们免遭枪械暴力；继续推行同工同酬及带薪休假，并提高最低工资水平，这一切对于努力工作的家庭来说依然至关重要，这些仍是我们要做得对的事情。我绝不会放松这些工作，直至它们完成。

但这是我最后一次在此发表讲话，我不想只谈论来年的事宜。我更想关注今后的5年、10年，甚至更久远的事情。

我更关注我们的未来。

我们生活在一个充满巨变的时代，这场巨变改变了我们的生活、工作方式，改变了我们的星球和我们在世界上的地位。这种巨变预示着医学将出现重大突破，也会带来困扰工薪家庭的经济动荡。它为生活在边远山区的女孩们带去教育的希望，却也使远距重洋的恐怖分子得以串通一气策划阴谋。这场巨变能够带来机遇，也会扩大不公。无论我们喜欢与否，这场巨变的进度只会越来越快。

美国曾经历过种种巨变——战争、萧条、移民涌入、工人运动，以及民权运动。每一次，总有人告诉我们要畏惧未来。每当美国受到某些组织或者言论威胁，将要失控时，这些人就告诉我们要停止变革，并承诺恢复往日的辉煌。但每一次，我们都能够克服恐惧。用林肯的话来说，我们并未遵循"平静的过去时代的信条"。相反，我们能够用新的思维思考，以新的方式行事。我们巧妙地利用变化，始终将美国的潜力扩展至更广阔的前沿，惠及更多的民众。正缘于此——因为他人眼中的风险在我们看来是机遇——我们变得比以前更强更好。

过去的真理，现在亦未曾改变。我们的乐观主义与职业道德，我们的发现与创新精神，我们种族多样化和法治信条，这些都是我们国家所拥有的独一无二的优点，使我们具备了世代繁荣昌盛、国泰民安的一切条件。

事实上，正因有了这种精神力量，我们过去7年才可能取得进步。它使我们得以从几代以来最严重的经济危机中恢复；是我们改革医疗体系、改造能源部门的动力，保证了我们给予军人和老兵更多关心和福利。因此，我们能够让每个州的人都获得与所爱的人结婚的自由。

但是，这些进步并不是注定会发生的，而是我们共同选择的结果。我们当下正面临着这样的选择：面对时代的变化，我们是以恐惧对之、闭门造车、各自为战？还是自我肯定、坚持立场，相信我们能共创奇迹？

让我们先来谈谈未来，以及美国需要回答的四个大问题——无论下一届美国总统是谁，无论哪个党派掌控国会。

第一，我们如何在新经济中给每个人公平的机会和保障？

第二，我们如何让技术为我们服务，而不是与我们对抗——尤其是面临气候变化这样亟须应对的挑战的时候？

第三，我们如何保障美国的安全，同时，在不充当世界警察的前提下，引领整个世界？

第四，我们如何制定政策，使其反映出美国的好，而不是美国的恶？

我先说说经济，基本的事实是这样的：现在，在全球范围内，美国经济是最为强大且坚固的。综观历史，我们现在处于私营部门连续创造就业机会最长的一段时期中。我们创造了逾1400万个新的就业岗位，这是自20世纪90年代以来就业增长最为强劲的两年，失业率下降了一半。汽车行业也创造了最辉煌的一年。在过去的6年里，制造业创造了将近90万个新的就业岗位。而且，我们在取得这些成绩的同时，还将赤字减少了近四分之三。

任何声称美国经济正在衰落的说法都是在传播虚构的事实。实际情况——同时也是许多美国人感到焦虑的原因——是美国经济正在经历巨大变革，而且这变革早在大萧条发生之前就已经开始，到现在还没有结束。今天，被高科技取代的工作岗位并不仅限于生产线，还包括任何可以实现自动化的岗位。在经济全球化中，公司可以落户于世界任何地方，也会面临更加激烈的竞争。其结果是，雇员要求加薪的筹码变少，公司对其所在群体的忠诚度降低。同时，越来越多的财富和收入积聚到社会顶层阶级手中。

这些变化趋势挤压了雇员的生存空间，即使他们拥有工作，即使美国经济一直在增长。工薪家庭想要通过努力工作摆脱贫困，年轻人想要开创自己的事业，雇员想要适时退休，都已经不太容易。虽然面临这些变革的不只是美国，但是这些的确违背了独有的美国式信念，那就是，任何努力工作的人都应当得到公平待遇。

在过去的7年中，我们的目标一直都是保持经济增长，以造福每一个人。我们已经取得了一些进步。不过，我们需要继续努力。尽管过去我们有过许多政治上的争论，但是在一些领域，我们取得了普遍的共识。

我们一致认为，真正的机会在于每一个美国人都能获得必要的教育及培训，让他们能够胜任一份收入理想的工作。"不让一个孩子掉队"的两党改革政策，就是一个重要的开端，同时，我们加强了儿童早期教育，进一步提高了高中毕业率，使工程学等专业毕业生得以增长。未来，我们要以这些成绩为基础，通过普及全民早教，让所有学生都接受计算机实践和数学课程培训，为他们将来步入职场做好准备。同时，我们要为孩子们招录更多优秀的教师，并给予这些教师更好的待遇。

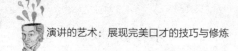

同时，我们要让每个美国人都能上得起大学。勤奋的学生不应该因为贫困被挡在校门之外。我们已经将助学贷款的还款额降至借款人收入的10%。接下来，我们需要降低大学费用。两年制的社区大学将为每一位有责任感的学生提供免费教育，这是降低大学费用最理想的方式之一，我会不断努力让这个方案在今年启动。

当然，在新经济中，我们所需要的不仅仅是优质的教育。我们还需要能够提供基本生活保障的福利和保护措施。如果说在座的各位，是美国为数不多的能够在同一个地方从事同一份工作30年，还能获得健康和养老保障的人，也不算夸张。而对于其他人，特别是四五十岁的美国人来说，为退休后的生活存点钱或是在失业后重整旗鼓，已经越来越困难。大家都认识到，在他们职业生涯的某个时刻，他们不得不重新接受培训，重新学习技能。但是，他们不应当失去他们这么多年辛勤工作所获得的东西。

这也是社会保障及医疗保险制度在今天尤为重要的原因，它们不该被弱化，而应进一步加强。对于退休年龄较晚的美国人，基本福利应与当今的其他事物一样尽可能移动化。这就是《平价医疗法案》的意义所在，这个法案旨在填补基于雇主的医疗保险系统的空缺，让我们失业、返校求学或创业时，依然能享受医疗保障。目前为止，已有近1800万人受益，医疗费用通胀也有所缓解。自法案实施起，我们的企业每个月都能创造新的工作岗位。

我想我们在短期内还无法就医疗保险制度达成共识，但两党可以在改进经济保障制度的问题上采取一些新的措施。假设一位辛勤工作的美国人丢了工作，我们不该仅仅确保他能获得失业保险，还应确保这个制度能够支持他接受再培训以胜任新的工作。如果这份新工作的报酬不如上一份工作，那么就该有薪酬保障制度保证他能养活自己。即使他一直在换工作，也还能为退休储蓄并能支配自己的积蓄。这就是我们让大家更好地受益于新经济的方式。

我知道国会众议院发言人保罗·瑞恩提到过他对解决贫困问题的看法。美国是一个会给每个愿意工作的人机会的国家，我欢迎大家提出可行性战略，如为无子女低收入人群减税的方案。

但在过去7年里还有其他难以达成一致的领域，比如，政府应该扮演怎样的角色，才能保证制度不向最富有的财团和大公司倾斜。在此，美国人民需要做出选择。

蓬勃发展的私营经济是我们国家经济的命脉。我认为，其有些过时的规则需要改变，有些繁文缛节需要摒弃。在企业连续多年利润破纪录之后，如果让大银行、石油巨头或对冲基金制定只对自己有利的规则，或者允许对集体谈判的攻击置之不理，工薪阶层就无法获得更多机会和更多薪水。引发经济危机的不是那些领食物券的人，而是华尔街那些鲁莽行事的人。移民人口不是阻碍薪酬上涨的原因；那些决议是由董事会的人提出的，他们经常将季度分红看得比长期回报还重。可以肯定的是，正在看我演讲的普通家庭不会通过离岸账户避税。在新经济的形势下，工人、新兴企业和小型企业需要更多发言权，规则应该使他们受益。今年，我计划激励那些善待工人的企业，使更多企业明白，只有善待工人才能让股东、顾客和所在群体最终受益，这样我们才能在全美推行这种良策。

事实上，我们有许多优秀的企业公民都是极富创造力的。这也是美国要回答的第二个大问题：如何重燃创新精神，迎接重大挑战？

60年前，俄罗斯人发射人造卫星，在太空领域领先于我们，

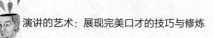

这点我们并未否认。我们没有就科学水平进行争论，或缩减我们的研发预算。我们在很短的时间内制订了太空计划，12年后，我们已经能在月球上行走。

探索精神存在于我们的基因里。我们是托马斯·爱迪生、莱特兄弟、乔治·华盛顿·卡弗，我们是葛丽丝·霍普、凯瑟琳·约翰逊、莎莉·莱德，我们是从波士顿到奥斯丁再到硅谷的移民和企业家，我们力求建设更美好的世界。

我们保护了开放的互联网，我们大胆地迈出了一大步，让更多学生和低收入者加入互联网这个大家庭。我们已经开始建设新一代制造业中心，我们的网络工具让企业家在一天内就能获得创立一个企业所需要的一切。

但是，我们能做的还不止这些。2015年，副总统拜登曾说，要把治愈癌症作为一项新的登月计划去实现。2015年12月，他与国会通力合作，为国立卫生研究院的科学家们提供了大量资源，这是十几年来科学家们获得的最强有力的资源支持。今晚我宣布，我们将举全国之力促成这项新计划。在过去的40年里，乔为我们在众多问题上竭尽心力，因此，我任命他主管这一抗癌计划。为了我们已逝去的亲人，为了我们还能拯救的家庭，我们应该携手，让美国成为一个彻底攻克癌症的国家。

医学研究是重中之重。在发展清洁能源的问题上，我们同样需要全力以赴。

如果你还要怀疑我们针对气候变化进行的科学研究，你可以试试。你会发现自己孤立无援，因为站在你对面的是我们的军方、绝大多数美国商业领袖、大多数美国民众、几乎整个科学界，以及全世界200个国家，这些国家都意识到了问题的严重性，想要着手解决它。

就算我们的星球还没到岌岌可危的地步，2014年也并非史上最热的一年（因为2015年更热），但我们为什么要放弃让美国企业生产并销售未来能源的大好机会呢？

7年前，我们在清洁能源领域进行了美国历史上最大规模的一次投资。成果如下：从艾奥瓦州到得克萨斯州，现在风能比污染环境的传统能源价格低廉。从亚利桑那州到纽约州，每年太阳能为美国民众减少了上千万美元的能源支出，同时创造了多于煤炭行业的就业机会，并且这些就业的收入高于平均水平。我们正在逐步采取措施，让每家每户都可以生产并储存自己的能源——环保主义者和茶党人士正为此事通力合作，为家庭自产能源提供支持。同时，我们的石油进口量下降了近60%，减少的碳排放量居全球第一。

2美元1加仑的油价也不算贵。

现在我们不得不加速实现从污染能源向清洁能源的过渡。我们不应该补贴过去，而是应该投资未来——尤其是在依赖化石燃料的社区。这就是我要敦促改变石油和煤炭资源管理方式的原因，只有这样才能更好地反映纳税人为此支付的税款以及地球为此付出的代价。通过这种方式，我们把钱重新投到这些社区，让成千上万的美国人一起构建21世纪的交通运输系统。

所有这一切都不能一蹴而就。诚然，还有许多既得利益者想要维持现状。但是，改变现状能让我们创造新的就业机会，节省更多资金，我们的星球也得到了保护——这种未来才是我们应该留给后代子孙的。

在众多问题上，我们的安全与世界紧密相关，气候变化只是其一。因此，我们需要回答的第三个大问题是：怎样在不被孤立、不充当世界警察的情况下，保持美国的安全和强大？

刚才我说了，所有认为美国经济衰退的言论都是政治性的大话。所有你听到的关于美国的敌人越来越强大，而美国却越发虚弱的言论，都是逞口舌之能。美利坚合众国是世界上最强大的国家。无须其他任何废话，而且我们还会一直强大下去。我们的军费投入比排在我们后面的八个国家的总和还多。我们的部队是世界历史上最精锐的战斗力量。没有任何国家敢攻击美国或者美国的盟国，因为他们知道那是自取灭亡。有调查显示，目前美国的国际地位高于我当选总统之初。当重大国际问题出现时，世界人民不会指望中国或俄罗斯来领头解决，他们会找我们。

我每天的工作从听取情报简报开始，因此我知道现在是一个危险时期。但这并不是因为美国力量的削弱，或者某个超级大国的崛起。在当今世界，与其说邪恶独裁国对我们构成威胁，不如说经济衰退国对我们的影响更大。中东正在经历一场将持续二三十年的大变革，其发生的根源可追溯至1000年前的冲突。中国经济的转型正在对我们产生冲击。尽管面临自身经济衰退，俄罗斯依旧投入大量资源到乌克兰和叙利亚——这两个正脱离正常轨道的国家。二战以后我们建立的国际体系如今难以适应新形势的需要。

我们有责任重建国际体系，而这意味着，我们必须对事务进行优先排序。

美国政府的首要任务是保护美国人民，打击恐怖主义网络。基地组织和"伊斯兰国"都直接威胁美国人民的安全——在当今世界，哪怕只有一小撮无视他人和自己生命的恐怖分子，也会造成巨大危害。他们利用网络毒害美国境内人们的思想，他们破坏我们和盟友的关系。

但当我们集中精力消灭"伊斯兰国"时，却有人言过其实地说这是第三次世界大战。这种说法正中某些人下怀。许多武装分子登上皮卡车，灵魂扭曲的人在公寓或车库里谋划着生命——这些都对平民构成巨大威胁，必须予以制止。但恐怖分子并没有威胁到美国的"国家存在"。

这就是"伊斯兰国"想要透露出来的信息，这是他们招募恐怖分子时的宣传伎俩。我们不能先壮大他们然后显示我们可以来真的，也不能中了"伊斯兰国代表世界最大宗教之一"的圈套，导致在这场斗争中重要盟友离我们远去。我们要认清他们的真面目——他们就是杀手、疯子，必须予以追踪、缉捕并摧毁。

而这恰恰是我们正在做的事情。过去1年多，美国领导着60多个国家的联盟，切断"伊斯兰国"的资金来源，发掘他们的阴谋诡计，阻止武装分子的人员流动，消除他们邪恶意识形态的影响。我们发动了近万次空袭，除掉他们的恐怖头目，破坏他们的石油供给，捣毁他们的训练营和武器。我们为正在逐步夺回伊拉克和叙利亚领土的武装力量提供培训、武器装备和其他支持。

如果本届国会真的希望赢得这场战争，同时向我们的军队和整个世界传达反恐决心，你们就应该授权军事力量介入对抗"伊斯兰国"。可以投票表决。但美国人民应当知道，无论国会是否行动，"伊斯兰国"也必将和以往的恐怖分子一样，得到应有的惩罚。如果你们怀疑美国或是我个人伸张正义的决心，不妨问问奥萨马·本·拉登，问问去年被击毙的也门基地组织头目，或者已成阶下囚的班加西事件主谋。如果你和美国过不去，美国绝不会放过你。这可能需要一些时间，但我们的记忆力很好，我们的打击没有时限。

我们的外交政策焦点是"伊斯兰国"和基地组织的威胁，但并不仅限于此。因为即使没有"伊斯兰国"，未来几十年里，全球许多地区（包括中东、阿富汗和巴基斯坦、中美洲部分地区、非洲和亚洲）仍将动荡不安。它们中的有些地方有可能变成新的恐怖主义温床；有些则会深陷民族冲突或大饥荒，滋生新一轮难民潮。世界人民会指望我们去解决这些问题，我们的回应不能只是嘴上功夫：不断使用强硬的措辞做给平民们看。这种回应可能在电视新闻上起点作用，但世界人民感受不到切实的鼓舞。

我们也不能接管和重建每个陷入危机的国家。那不是领导力，那样只会将我们拖入泥潭，白白浪费美国人民的热血和财富，最终削弱我们自己。这是越战和伊战给我们的教训——我们早该铭记在心。

幸运的是，我们有更明智的办法。这是一个耐心、克制的策略，能充分发挥国家的每一分力量。这个策略就是：美国一定会采取行动——必要时单独行动——以保护我们的人民和盟友；但在全球共同关注的问题上，我们会动员全世界与我们一起行动，确保其他国家也尽到自己的职责。

这就是我们应对叙利亚等冲突时采取的方法：我们与当地军队合作，领导所有国际力量，共同帮助这个千疮百孔的社会实现长久和平。

这就是为什么我们要建立全球联盟，通过制裁和有原则的外交手段防止伊朗拥有核武器。现在，伊朗已放弃核项目，运出浓缩铀储备，世界避免了又一场战争的爆发。

这也是我们在西非阻止埃博拉病毒传播时采取的方法。我们的军队、医生和研究人员先搭好平台，然后集结其他国家加入抗击埃博拉的战役。

这还是我们建立跨太平洋伙伴关系协定（TPP）时采取的方法。该协定能打开市场、保护工人利益、保护环境，还能增强美国在亚洲的领导力。它将取消针对18000种美国制造商品征收的关税，创造更多优质就业机会。在TPP协定下，中国不再是当地贸易规则的制定者，我们才是。你们想要美国在21世纪展现它的强大国力？那么就通过这一协议，给我们执行协议的工具。

孤立古巴的50年未能推进这一地区的民主进程，反而削弱了我们在拉丁美洲的影响力。这就是为什么我们要恢复与古巴的外交关系，开启旅游和经商之门，帮助古巴人民改善生活。你们想要巩固我们在南半球的领导力和可信度？那么就承认冷战已经结束，解除禁运吧。

21世纪，美国体现领导力的方式并非只有下面两个选择：除了打击恐怖主义，再不关心其他世界事务；抑或，占领和重建每个正在土崩瓦解的社会。领导力意味着明智地运用武力，团结全世界的力量实现伟大目标。它意味着将海外援助视为国家安全的一部分，而非施舍。当我们领导近200个国家签署史上最具雄心的气候协议时，不仅帮助了易受气候变化影响的国家，也在造福我们的后代。我们协助乌克兰捍卫民主，我们帮助哥伦比亚结束长达10年的战争——这同时也巩固了我们赖以发展的国际秩序。当我们帮非洲国家解决饥荒、抗击病疫时，我们也防止了下一场大规模疫情危及美国。目前，我们正努力消除艾滋病带来的危害，我们也有能力消灭疟疾——这也是今年我会督促本届国会资助的项目。

这才是国力，这才是领导力。这种领导力需要美国做出表率。这就是为什么我一直致力于关闭关塔那摩监狱：这一监狱耗资巨大，却无用处，只会为我们的敌人继续招兵买马提供说辞。

这就是我们不该在政治上以人种和宗教区别人的原因。这不是政治正确性的问题，而是我们必须知道美国强大的原因。世界敬重我们并非因为我们武力强大，而是因为我们的种族多样性，因为我们的包容和对每种信仰的尊重。教宗方济各曾站在这个讲台上和在座的议员说过："如果你像暴君和杀人犯一样充满仇恨和暴力，那你也会很快成为他们那样的人。"有的政治家侮辱穆斯林，有人肆意破坏清真寺，有孩童受到欺辱……这些都不会让我们的国家更安全。我们美国人不应该是这样的人。这种做法大错特错。它贬低了我们在世界眼中的形象，让我们更难达成目标。而且它背离了美国的国家本质。

"我们合众国人民"。

我们的宪法以这三个简单的词开始，也是这三个词让我们认识到，这里指的是所有人，而不是一部分人。这三个单词坚定地认为我们应该共进退。这就是我想说的第四点，也可能是今晚我想讲的最重要的一点。

我们期盼的未来：每个家庭都享有机遇和安全，生活水平得以提高，以及为孩子们创造一个可持续的、和平的星球，这些都是我们可以实现的。但是，要实现这些期盼，我们必须一起努力。只有经过理性且富有建设性的辩论，这些期盼才可能实现。

要实现这一期盼，我们必须解决政治问题。

更好的政治形态并不意味着意见始终统一。美国是一个大国，有不同的地区、不同的看法、不同的利益，这也是我们的优势之一。开国先驱们将权力分配给各个州、各政府部门，希望我们像他们一样进行辩论，探讨政府的规模和形态，探讨贸易和外交关系，探讨自由的含义和安全的必要性。

但民主确实需要公民之间的信任纽带。如果我们认为与自己观点相左的人都心怀恶意，或者认为我们的政敌都不爱国，那么民主就无法实现。如果不愿意妥协，连最基本的事实都存在争议，如果我们只听那些赞同的声音，那么民主就会停滞不前。如果只有最极端的声音受到重视，那么我们的公共生活就会衰落。最重要的是，当人民大众觉得自己的呼声无关紧要，而整个社会体制被有钱、有权或者个别人的利益所操控时，民主就将崩溃。

目前，很多美国人都有这种感受。这是我总统任期内的几件憾事之一，各党派之间的积怨和猜疑并未减弱，而是变得更深。毫无疑问，如果具备林肯或罗斯福那样的才能，可能党派之间的嫌隙会调和得好一些，但我保证，在我任职期间，我会不断努力，争取做到更好。

但是，美国同胞们，这不仅仅是我的责任，也不仅仅是某位总统的责任。在座的各位当中，有不少人期盼在更多方面相互合作，期盼在华盛顿有更高层次的辩论，但却因为受到选举利益的羁绊而无法做到。我知道这种情况，听你们说过。如果我们想优化政治形态，仅换掉一个国会议员或参议员，甚至换掉一位总统是不够的，我们必须改变整个体制，来展现更好的自己。

我们要取消划分国会选区的做法，因为划分选区后，政客们会自己去选择选民，而不是让选民选择他们。我们必须降低金钱对政治的影响，这样就可以防止少数家族和幕后利益集团用资金影响选举。如果关于竞选资金的现行办法未能获得法院通过，我们就要共同努力，寻求真正的解决方案。我们要让投票更容易，而不是更难，我们应顺应现在的生活方式，使投票方式现代化。今年，我打算走遍全国，来推进这些改革。

但仅凭我一人之力，是无法做到这些的。政治进程的变革，不是改变谁当选，而是改变当选的方式。只有美国民众要求进行变革时，变革才会发生。这是由你们决定的，这就是"民有、民治、民享政府"的真正含义。

我所提出的要求绝非易事。相比而言，变得愤世嫉俗，认为变革不可能发生、政治已经无药可救，并且认定自己的呼声和行动毫无意义，这些事情更容易做到。但是如果我们现在放弃，那我们也放弃了更加美好的未来。拥有金钱和权力的人会在更大程度上左右重大决定，可能是将年轻士兵送往前线，可能是批准会引起灾难的经济政策，也可能是为了维持控制权，驳回历代美国人民为之奋斗牺牲的平等权和投票权。如果这样的倒行逆施持续下去，又会有人催促我们回到部落时代，让那些与我们长相不同、信仰不同、选举方式不同、背景不同的同胞当他们的替罪羊。

我们不能选择那条道路，因为路的尽头没有我们追求的经济繁荣，没有社会安定，最重要的是，无法让我们成为如今这样令世人羡慕的国家。

我的美国同胞们，无论你们信仰什么，无论你们支持一党制或无党制，美国的未来掌握在你们手中，需要你们自愿履行好自己作为公民的义务。你们要参与选举；你们要敢于发声；你们要为他人，尤其是弱势群体争取权利，要清楚知道我们能在这里就是因为有人在某个地方支持着我们；你们要积极参与公共生活，让美国人民的善良、礼貌以及乐观渗透到每个角落，就像我每天接触到的美国民众一样。

这并不是一件容易的事。我们的民主道路也很艰难。但是，我能保证，1年之后，我已不再是美国总统，我将和你们一样，是一个普通的美国公民，那些曾经帮助美国前进的公平与远见之声、坚韧之声，以及幽默与和善之声，也会让我备受鼓舞。这些声音告诉我们，每个人的身份——无论黑人还是白人，无论亚裔还是拉丁裔，无论性取向如何，无论是移民还是土生土长的美国人，无论是民主党还是共和党，我们首先都是美国人，并且有着共同的信念。用马丁·路德·金的话来总结就是：不靠武装发声的真理以及无条件的爱。

这些人，这些声音一直都在，寂静无声，不求关注，但却一直在为这个国家奔忙。

　　在美国这片热土上，我所到之处都能看到这么一群美国人的身影。我看到了你们所有人，我知道你们都是其中的一员。正因为有你们，我才能如此自信于美国的未来。因为我知道一直有着默默无闻、坚定勇敢的美国公民在为美国的未来奋斗。

　　有一位在装配流水线上工作的工人，每天加班加点以确保公司正常运营，而他的老板也会给他加薪，让他继续坚守岗位。

　　有一个女孩有着自己的科学梦想，为完成科学项目彻夜不休，而她的老师会提前进教室给她上课，因为她的老师知道，总有一天她会成功发现某种治疗疾病的良方。

　　有一位美国人服完刑期，想要重新开始，而有位老板给了他第二次开始人生的机会。抗议者希望彰显社会公平正义；年轻的警官在街上巡查，尊重他人、兢兢业业，默默守护我们的安全。

　　有个士兵为救自己的同胞不惜一切，身受重伤。有位护士悉心照料他，直至他痊愈参加马拉松，而所在社区的人纷纷为他加油。

　　有这么一个孩子勇敢地做自己，敢于出柜，而深爱他的父亲也会放弃自己的旧观念继续爱他。

　　有一位老妇人，只要自己还有选举权，她就会亲自排队去投上一票。有位美国新公民第一次高兴地投上自己的选票。选举站的志愿者深信每一票都很重要，因为他们都懂得这投票权的分量有多重。

　　这就是我所认识的美国，这就是我们热爱着的国家。人们明辨是非，慷慨善良，并且乐观地相信，不靠武器发声的真理和无条件的爱必将主导这个世界。因此我才如此坚信美国的未来。因为有你们，我相信你们。因为美国的强大，我才能如此自信地站在这里。

　　谢谢，上帝保佑你们，上帝保佑美利坚合众国。

案例二：市法院党组书记述职演讲

区人民法院党组书记、院长：

根据2007～2008年度县（市）区领导班子及领导干部考核工作方案的有关要求，我将2008年带班子的主要工作和本人履行职责情况报告如下。

2008年，在区委的正确领导下，在区人大及其常委会和市中级人民法院的监督指导下，在区政府的大力支持和区政协的民主监督下，我和党组一班人以实践科学发展观统领工作全局，以"人民法官为人民"和"服务年"等活动为载体，全面落实"从严治院、公信立院、科技强院"的工作方针，坚持保障当事人的合法权益与有效化解争议并重，依法和谐审判与维护国家法律权威并举，履行审判职责与优化经济环境并行，大力加强和改进审判工作，以公开促公正、以公正促审判、以审判促稳定，充分发挥审判工作在服务辖区经济追赶跨越中的保障作用，各项工作迈出了坚实的步伐。我本人在2009年度先后被最高人民法院授予"全国法院网络宣传先进个人"，被×××市中级人民法院授予"全市法院优秀领导干部"等荣誉称号。

1.从提升干警工作士气入手，全面加强干部队伍建设

要想保持全市先进行列，实现跨越式发展，就必须有一支能够担当发展重任的高素质干部队伍，就必须在队伍当中营造积极向上的氛围，拥有破解难题、迎难而上的勇气，形成规范标准、稳健务实的作风。

（1）注重提高思想认识，找准问题、明确方向。我与党组一班人紧紧围绕队伍现状，提出了"思想大解放、作风大转变、效率大提高、工作大创新"的工作思路，要求全院干警不要停留在

过去一年取得的成绩上，而要对照其他先进法院深入剖析自身工作中存在的问题。年初以来，我院先后召开五次标准化对照剖析会，认真查找审判工作中存在的问题和差距。全院上下没有从诸多的历史遗留问题上找原因，而是在自身上找问题、查不足，并全面客观地分析了以往工作的得与失。结合全省政法系统开展的"服务年"活动，不断从思想和行为两个层面上强化干警的服务意识，树立用大局统领司法、用服务体现公信的工作理念，通过开展思想"大换位"，倾听人民群众的司法需求，查找与人民满意标准的差距。干警的服务意识发生了新转变，服务发展措施有了新增加，服务发展能力有了新提高。

（2）注重推进文化建设，提高自信凝聚合力。为提高干警精气神，提高凝聚力，2009年3月底我院举办了以"深入学习实践科学发展观指导审判工作"为主题的演讲活动。全院22名老中青三代法官登台演讲，占到干警总数的3/5。演讲的内容紧紧围绕科学发展观这个主题，涵盖了审判业务、司法警察、行政管理等多个业务部门的工作。这次演讲活动，既鼓舞了士气、激励了斗志，又使全体干警对科学发展观与司法审判工作的关系有了更加深刻的理解，区委、区人大等相关部门的领导出席了这次演讲活动，并给予高度评价。我还组织干警利用节假日和上级开展各项活动等时机，加强法院楼道文化建设，及时更换宣传图片。尤其在中华人民共和国成立60周年庆祝活动中，专门制作了宣传标语和宣传板，积极营造和谐发展的良好氛围。

（3）注重加强队伍建设，提高廉政勤政意识。我院为能够认真学习贯彻执行最高人民法院下发的"五个严禁"，专门为每人制作了印有此项内容能随身携带的卡片，时刻警示每名干警。同时按照全省政法系统治理司法领域突出问题的电视电话会议精神、省人民法院召开的"法官廉政建设工程"推进会议和市委关于在全市开展以"讲党性、树新风、优环境、促发展"为主题的作风建设活动，扎实开展党风廉政建设。同时进一步规范机关作风纪律，按照全市开展的"治庸治懒"活动的有关要求，不断加强机关人员管理，早晚实行指纹打卡，每天都要对机关纪律包括庭审纪律进行检查。我能够时时处处做好表率，带头在元旦和年三十值班。为全面提升各项工作，经常加班加点。为不影响正常工作，党组会、审判委员会全部改在双休日召开，一次审判委员会研讨案件，开到了晚上12点。党组成员的亲力亲为，给干警树立了良好的勤政廉政形象。在党组成员的感召下，全院法官的精神风貌焕然一新，有效带动了各项审判工作的全面开展。

（4）注重提升能力素质，打造优秀审判团队。坚持人才强院、从严治院的兴院方针，努力做到以人为本，崇尚知识、尊重人才，建设一支德才兼备、肯奉献、敢负责的法官队伍和法院管理队伍。在加强法学研究的同时，全力打造学习型法官，培养专家型人才，鼓励法官向高学历发展。2008年年初，我院荣获全国法院网络宣传工作先进单位。2008年上半年发表调研论文50篇，被新闻媒体采纳稿件150篇。我本人撰写调研论文8篇，其中国家级3篇；撰写新闻稿件15篇，其中国家级5篇。在"创建公信型法院"活动——全市法院法官业务知识竞赛中，我院6个专业全部进入复赛，民商和审监专业均获得了第一名，院总成绩在全市基层人民法院中名列第一。

（5）注重推进专项活动，深入开展司法服务。在2008年春节前夕全市开展的"一帮一"扶贫活动中，我带领党组成员和中层干部深入辖区贫困下岗职工家中进行慰问，为他们送去了粮油等生活必备品，并积极帮助他们解决实际问题。在全国开展的"深入学习实践科学发展观"、全国法院开展的"人民法官为人民"和全省政法系统开展的"服务年"活动中，我积极带领党组班子及一线审判人员深入企业、院校、农村、机关、医院、社区进行调研走访，积极帮助企业和群众解决涉法问题。针对辖区内医院多、医患纠纷多的实际情况，我们组织法官主动深入医院举办了多次专题讲座。根据辖区内院校多的情况，为预防学生犯罪，还专门派法官积极配合院校开展了法制教育活动。重点企业的案件由我亲自担任审判长进行审理，使企业感受到我们在用心去服务。同时，我院成立了青年志愿法律服务小组，深入院校、企业、社区等人员密集的地方开展法律宣传，使辖区各界真切感受到了"人民法官为人民"。2009年7月27日至30日由中国法院网主办我院承办的"××杯"深入学习实践科学发展观征文颁奖活动暨"人民法官为人民"主题实践活动经验交流研讨会在×××成功召开。我院的各项活动也得到了省市各级督导组的好评。

（6）注重培养身边典型，树立正气、激发活力。为了激发团队活力，树立队伍正气，我们加大了树立典型工作的力度。通过几年的培养，我院的法警工作已成为全市法警系统的一个样板。为提升法警整体素质，每年都由我亲自组织，利用双休日和每天早晚开展春、秋两个时节的训练。在2009年10月23日组织的全市法院司法警察"以公开促公正，创建公信型法院"为主题的考核竞赛中，我院取得了总分第一名的好成绩。法警大队连续五年保持全市法警工作第一名，2009年年初被省法院评为2008年度全省优秀法警大队。我们在全院开展了学习先进，赶超先进活动。通过身边典型的树立激发团队的活力，营造队伍正气。通过身边看得见、摸得着的先进典型，使审判人员学有方向，赶有目标，改有标准，推动工作扎实有效开展。2009年年初我院被市中级人民法院授予"先进法院"等荣誉称号，为深入推进"服务年"和"创建公信型法院"活动，2009年7月我分别在市政法和市中院做了题为"以司法为民的服务作风，唱响公信型法院建设主旋律"

的经验交流；10月份我又在全市法院信息化工作会议上做了题为"以数字化促标准化，用现代科学唱响公信型法院主旋律"的经验介绍。

2.从完善审判管理机制入手，全面推进审判创新发展

2008年，党组在抓审判工作时，注重把功夫下到狠抓整改上，充分把全体干警凝聚起来的"精气神"转化为开展各项审判工作的具体措施，崇尚快节奏，追求高效率，体现超常规，力求快发展。2009年年初，我院成立了审判管理办公室，设专人负责审判工作的管理和监控，定期检查卷宗质量，定期下发审判标准化工作通报，为院领导决策提供准确的审判工作运行数据。

（1）开展审执"大会战"，积极推进审判工作。2009年4月初我院开展了审判工作"五十日"大会战，从10月中旬又开展了审判工作"六十日"大会战。活动中签订了院长与主管院长、主管院长与庭长、庭长与审判人员的三级责任状，明确指标和完成时限。把指标的完成作为衡量工作的唯一标准，对未完成的，不分身份等级一律问责。审判人员调离审判岗位进行脱岗培训，主管院长在党组会做深刻检讨。工作的压力带来的是超常规的工作动力，全院上下，加班加点工作，党组成员以身作则亲力亲为。在全国开展的清理执行积案中，对一些重大疑难案件，我还亲自带队奔赴××、××等地执行。会战期间，我们每日一分析，每日一总结，疑难案件召开审判长案件评估联席会议，寻求最佳解决效果。经过努力，我们的大会战取得了实效，审判工作出现了跨越式发展。

（2）实行联动"大信访"，扎实做好息访工作。针对我院历史遗留问题多、底子沉这一现状，我们从建立大信访格局入手，完善了内外联动机制，营造全员共同化解信访的大环境。一是严格信访责任，在信访工作上，我们注重强化全员信访意识，制定

了信访责任追究制度，实行一票否决，做到有访必有责。对信访案件解决不力的人员坚决处理和调整。二是完善预防机制，我们注重审理环节的信访预防，每个业务庭室都设立了廉政监督员，对在审理环节出现信访隐患的案件，主动与当事人进行沟通，及时做好法律疏导、判前释法、判后答疑工作，将不稳定因素消灭在萌芽状态。三是建立联动机制。我们加强了与地方党委、人大、政协的协调，建立解决信访联动机制，充分依靠党委、人大、政协的力量来处理一些我们难以解决的信访案件。尤其是在2009年开展的全国集中清理执行积案活动中，按照上级精神通过多方努力，集中执结了一批"骨头案"，如多年上访的×××一案就是在活动期间执结的。在2009年国庆期间，我还亲自到北京进行接访，积极协调各相关部门做好息访工作。

（3）完善审判"大速裁"，全面提升审判效率。我们从改进内部审判机制入手，提高审判工作节奏，向自身要效率。我院在民商事战线成立了四个标准化合议庭，全部受理速裁案件，速裁机制覆盖到每一名审判人员。通过建立大速裁机制，缩短案件审理期限，节约司法资源。我们严格界定速裁案件的办理时限和操作规程，制定了《速裁案件办理规程》，在制度上保证速裁机制的有效运转。在三名审判人员的基础上，我们为每一个标准化合议庭，配备一名法官助理、一名书记员、一个专用审判法庭，全方位满足速裁案件的需求。我们每个月都对速裁案件逐案进行复核，严把案件质量关，坚决杜绝因片面追求速度而导致案件质量出现瑕疵。

（4）建立多元"大调解"，积极维护社会稳定。按照最高法院提出的"调判结合，调解优先"的工作方针，在加强案件调解，维护社会稳定上，我们动足脑筋，想尽办法，发动一切可调动力量提高调解率。在建立审判人员、庭长、主管院长、院长协同作战的四级大调解格局的基础上，我们积极协调公安、司法、单位、街道等社会各方面力量建立了多元调解机制，从而有效地提高了案件调解率。我们还积极探索巡回调解机制，对那些当事人行动不便、无法参加庭审的案件，主动深入社区开展巡回办案。2009年以来，由我亲自审理了五起案件，其中有四起案件通过调解结案，无一起案件的当事人进行上访。

（5）完善三位一体"大执行"，综合协调执行工作。2009年我们对执行工作进行重新审视，以完善"三位一体"执行格局和"立审执"联动机制为切入点，形成了立案、审判、司法警察等多部门协助的工作机制，形成了参与主体多元化、解决方式多样化的"立审执"联动机制。我们将执行关口前移，狠抓风险告知、财产保全、诉讼调解三大环节，最大限度减少"空调白判"现象。我们没有片面对待执行工作，而是将其置于全局进行宏观管理，从强化责任入手，严格落实不同阶段、不同岗位的职责，进一步完善了"审判长、执行长、警长"相衔接的工作模式。我们在执行局内部设立三个执行组，分别由三名执行长担任组长，配备二审一书，实施与各业务庭审判长挂钩制度，按照案件类型确定固定的执行区域，并在司法警察大队指定三名警长协助开展执行工作。在"三长"负责制的运行模式下，我们强调审判长的基础和先导作用，激活审判工作中的执行动力，发挥警长的威慑和保障作用，加大执行工作力度。在我院的大执行格局中，形成了既各司其职、又相互衔接的良好局面。

3.从拓展数字网络平台入手，全面沟通民意打造公信

2009年以来，我们把数字化建设定位在全面创新民意沟通平台的建设上，使数字化不仅仅成为法院管理的重要手段，也成为与人民群众沟通联系的桥梁纽带。

（1）开展审判"大公开"，以公开促公正。为更好地让人民群众感受到审判工作的透明度，让社会各界更好地了解法院工作，我院实施了"三网三公开"，即×××政务网公开、××区法院网公开、中国法院网公开。"三网三公开"，不仅是对自身审判工作公开透明的监督，同时也是提升法官队伍审判能力的有效途径。

（2）开展民意"大沟通"，以沟通促服务。为建立畅通的民意沟通机制，让当事人感受到"看得着，感受到"的公正，在我的组织下，我院率先在中国法院网开通了民意沟通邮箱，并成为全省法院系统第一家通过网络面向全国公开民意沟通邮箱的法院。2009年6月份，我与中院×××院长一起做客中国法院网进行"人民法官为人民"网络访谈，与全国各地网友进行了交流。10月29日我再次应中国法院网的邀请接受视频采访。

（3）开展庭审"大直播"，以阳光促公信。为让人民群众更好地体验阳光审判，2009年6月底，由我担任审判长组织开展了庭审网络直播，成为×××省法院系统第一个通过网络进行庭审直播的法院院长，我院成为×××省法院系统第一家在中国法院网面向全国进行庭审网络直播的法院。通过网络庭审直播不仅对庭审过程进行了再规范，锻炼了审判队伍，还增加了社会各界对法院审判过程的了解。

（4）开展档案"大应用"，以科技促效率。今年我院进一步加强了电子档案系统的查询利用，上级下发的和本院制作的文件，已全部实行网上审批和传阅，有力地推进了无纸化数字办公。2009年2月份，为方便当事人利用档案进行查询，我院加大了库存档案的扫描录入工作，开展了档案电子扫描大会战。在会战中，两台扫描仪昼夜不停，人员三班倒，实行拆、录、扫、装流水作业，我与一般干警一样都有任务指标、有完成时限。经过全院干警的共同努力，2009年4月底，我院完成了建院以来全部诉讼卷宗的数字扫描录入工作，成为全市政法系统第一家完成历史诉讼档案数字化的单位，也是全市党政机关第一家完成历史文书档案数字化的单位。

总结一年来的工作，我虽然取得了一些成绩，但成绩的取得主要是区委、上级人民法院正确领导、指导的结果，是与党组班子全体成员相互配合、相互支持的结果，是与全体干警的辛苦努力分不开的。但还存在一些不足，主要体现在队伍的整体素质还不能完全适应形势发展的需要；少数法官的司法观念、业务能力与法院工作发展的要求还有一定差距；少数法官工作作风不够过硬，办案质量和效率还有待提高。对于这些问题，我和党组其他同志将高度重视、认真研究，采取有力措施，努力加以克服和解决。

在今后的工作中，我将进一步加强学习、扎实工作，以"三个至上"为指导，深入贯彻落实科学发展观，以新举措开创新局面，以新思路打造新业绩，以改革创新精神不断开创区法院审判工作新局面，积极为辖区经济跨越式发展提供良好的司法保障。

谢谢大家！

案例三：校长述职演讲

同志们：

大家好！

现就一年来的工作总结如下。

1.抓好队伍，共同提高

（1）领导班子，团结协作。一个称职的领导集体，关键要思想一致、认识一致、行动一致。我们班子成员在工作中分工明确，各司其职，相互沟通，相互信任，和谐相处。2009年班子成员自觉开展学习，从学习中找"差距"，从"差距"中寻发展，加强自我管理，以身作则，强化责任意识、大局意识、管理意识、服务意识、团结意识。在工作面前，我们默默奉献，常常加班加点，牺牲休息时间，毫无怨言；在荣誉面前，我们心怀同志，谦让大家，多次将优秀党员、先进教师的名额让给其他同志，尤其是在2009年的绩效工资和教师聘任中尽显共产党员的高风亮节、高尚品质。

（2）加强政治学习。2009年我们根据学校的安排，由我负责带领大家搞好政治学习，我们学习了先进人物的事迹《背着孩子上学的老师》；学习了两会精神和《政府工作报告》；学习了《教育法》《义务教育法》《中小学管理规程》等法律法规；学习了《实验小学》等全国违规收费的事例。本学期，是第三批深入学习实践科学发展观的时间。学校按照上级的安排，组织老师系统学习科学发展观的重要论述，做好学习笔记，写好学习心得。深入调查撰写调研报告、认真查摆自己工作中存在的问题，书写自查分析报告，并要求老师将学习和实践结合起来，用科学发展观来武装自己、引领自己，提高工作效率，使老师树立"敬业、乐业、奉献、求实、创新"的工作理念，树立"责任心胜于能力"的理念，强化工作责任心。相信只有责任心强的老师，才会在教学和班级管理上下功夫、想办法，才会主动地更新自己的教育理念，才会教出优秀的学生。

（3）加强业务学习。人常说，"树人者必先强己"。在社会日益发展的今天，知识更新很快，因此作为知识的传播者，必须加强学习，树立终身学习的理念，挤时间、抽时间学习提高自身综合素质。上学期开学，按照学校的安排和自身的实际情况我制订了2009年年度《个人发展规划》，召开了教师个人发展规划座谈会，并在全体教师会上宣读了自己制订的发展规划，让大家监督执行。经过一年来的认真学习，我基本完成了计划。通过学习，我明确了校长职责，提高了管理理念。同时我还学习身边优秀校长的先进事迹，我时刻提醒自己要以他们为榜样，在处理烦琐事务的同时静下心来搞教学研究，力争做学习型、研究型校长。

2.以人为本，营造和谐氛围

多年一线教师的工作经历给我这样一个感受：工作哪怕累点，待遇哪怕差点，一定要图个心情愉快，因此我尽心努力为老师营造一个宽松和谐的工作氛围。从自身做起，从不在老师面前摆架子，闲暇时间走进办公室和老师聊天，了解他们生活、工作中存在的问题，尽力去帮助他们，分享他们的喜悦。尤其在教职工及其家属生病住院、教师思想有波动时都会找他们谈心，让他们在关键时刻感受到来自集体的温暖。"快乐地生活，努力地工作"是我所倡导的，因此我经常引导老师要学会知足，学会感恩，淡看人生的起伏与哀乐，挫折与喜悦，从而幸福快乐地生活，保持良好的心态。提醒老师"有缘才能相聚，用心才会珍惜"，同事之间应增大宽容度，能为对方着想，能进行换位思考。现在我们的老师在一个相对宽松的环境中工作着。正因为这样，在绩效工资、岗位设置及教师聘任这些与教师切身利益相关的事情中，我们的领导、老师都显示了较高的觉悟，没有出现吵闹现象，使学校的工作得以顺利进行。

3.常规管理，规范科学

（1）常规教学，扎实细致。2008年年底，我们明确了教案的书写要求，要求老师们以《细则》为准绳，严格规范自己的教学，使教学常规工作进一步规范化、制度化。2009年，学校对每位老师的教案、作业多次进行检查，并及时反馈。上学期末按照学校工作计划，教导处组织教师进行了教案、作业展览，教导主任精心设计各种赋分表，老师们本着公平、公正的原则，认真查看打分，最后张老师、李老师、王老师获综合教案优胜奖。

（2）教研活动，扎实有效。加强教研组建设，是提高教学管理的一项有效措施。我们积极开展教研活动，不断创新教研活动的新模式。校领导坚持教学，坚持听课，坚持参加教研活动，我们每学期都开展"人人都上研讨课，人人都是研讨者"活动。组内进行说课，然后上课、个人反思，大家评课。

同事之间真诚相待，提出问题共同商讨、解决。上学期为了增进家长对学校管理、教师教育教学水平及孩子在校学习情况的了解，我们在各教研组每人一节研讨课之后又开展了青年教师对家长的公开课活动。老师们提前备课、进行试讲，学校提前悬挂标语，布置教室，印发家长反馈表，做了大量的准备工作。4月5日、6日早晨，受邀的家长准时来到学校，走进课堂，和自己的孩子一起感受了课堂的精彩纷呈、老师的亲切美好。

这次讲课的青年教师有三位，科目涉及语、数、英三个方面，教师们既善于继承又勇于创新。参加了这次活动的家长都表示活动非常有意义，希望能长久地做下去。本学期，11月份我们进行了每人一节研讨课活动，12月份我们进行了校内评优课活动。通过评优课，我们看到了老师的进步，同时对他们提出了更高的要求。我相信，只要我们每学期扎扎实实地搞好研讨课、评优课，我们老师的教学水平将会提高得更快。

（3）家校携手，共担责任。2009年，我们已经在期中和期末分别召开了五次全校性的家长会。每次家长会，老师都精心准备发言稿，注意与家长谈话的语气、话语，从学生的实际、家长的感受出发，真诚地与家长商谈沟通，交流学生偏差思想行为产生的实质原因，商榷解决的办法，做到动之以情，晓之以理，争取家长的认同、配合和支持。我们特别要求家长要将孩子的安全放在首位，同时对家长进行孩子安全方面的教育，要求家长一定要将联系方式告知老师，以便及时联系。我们这些真诚的举动，使得家校的桥梁畅通了，家校的关系和谐了，学校的工作也得到了家长的大力支持与配合。

4.学生活动，丰富多彩

教育以人为本，为了进一步促进学生全面素质的提高，我校在努力抓好学生文化知识的基础上，还开展了丰富多彩的活动。

（1）创建书香班级。为了拓宽学生视野，我们在学生中开展了创建书香班级活动。中、高年级的孩子们将家里的书籍带到了学校，让老师登记之后贴上了标签将图书置于教室图书角，学生们自主阅读，班级统一管理，这一举措减少了学生们无谓的打打闹闹。孩子们捧着一本本书静下心来进行阅读，在阅读中享受快乐，在阅读中语言得到了锤炼，精神得到了陶冶，写作水平得到了提高，语文素养得到了提升。

（2）举行快乐的节日汇报演出。最难忘的是2009年的六一儿童节，我们提前悬挂了大幅幕布，剪贴了宣传标语，铺好了地毯，准备好了音响，邀请了学生家长。台上孩子们载歌载舞，台下掌声、应和声不绝于耳，孩子们积极参与，踊跃上台，他们自信、活泼、热情的笑脸深深地打动了在场的每一位老师和家长，本次活动应该说是我们准备最充分、效果最理想的一次，当然这和每位老师的通力合作分不开。

（3）进行"美丽教室"的评选。每学期开学初，我们都要进行"美丽教室"的评选。活动中各班主任充分调动学生的积极性，和学生一起策划、设计精美的黑板报，各式各样的学生评比栏，生机勃勃、绿意盎然的"植物角"，精美的小制作、剪纸，扮靓了教室，使班级充满文化氛围。少队部组织全体教师、值周学生逐班进行检查、评比，这项活动的开展为学生营造了温馨舒适的学习氛围，也使多个班级在此项活动中获奖，受到家长的好评。

（4）进行"每周之星"的评选。为了让更多的学生体会到成功的快乐，激发学生不断进步，2009年在"三好学生"评选的基础上，我们进行了"每周之星"的评选。每周一我们都会听到值周教师宣布"每周之星"，都会看到六个同学幸福地站到全校师生面前，都会看到六年级的同学为他们佩戴标志，都会听到师生热烈的掌声。此项活动的开展激发学生不断进步，使他们的行为习惯都发生了明显的变化，使校园呈现出团结协作、和谐发展的良好局面。

（5）各种比赛。为了丰富学生的校园生活，我们举行了"眼保健操比赛""趣味运动会""朗读比赛""作文竞赛""数学竞赛"等丰富多彩的竞赛活动，激发了学生的学习兴趣，提升了学生的综合素质。

5.安全管理，落到实处

在"以人为本，构建和谐社会"的今天，学生的安全更是关系着千家万户的幸福，关乎社会的和谐稳定。作为学校的校长，我深知自己肩上的责任，因此要求自己一定要尽力工作，把学校建成家长最放心、学生最安全的场所，这是我不懈的追求。学校要求老师要强化责任心，消除一切侥幸心理，关注细节，把工作做到前面。为了防患于未然，每周一集会上学校都会根据季节、天气、周边环境等对学生进行安全教育，每周五放学都要求老师在班上强调安全。学校和班主任在每次对学生进行安全教育后都会做好教育记录，上学期学校共做安全教育记录30次，本学期已做安全教育记录22次。我每天都认真阅读相关新闻，关注教育的动向，了解有关学校安全事例，及时组织教师进行学习，要求教师增强工作的责任心，把学校的安全工作做实、做好。学校与班主任、任课教师、家长层层签订了安全责任书。每逢节假日我们还给每位家长印发《告家长书》，让家长在家照顾好学生，我们确实做到了时时讲安全，事事讲安全，确保学校无安全事故。

6.体卫工作，健康第一

春季、秋冬季是传染病的高发期，我们应认真做好安全卫生工作，防止传染病在学校流行或爆发。本学期开学，甲流的预防工作成了学校工作的重中之重。我们在思想上高度重视，组织老师认真学习文件，领会精神，购买测温仪、体温表、口罩、消毒液等常用品。每天早晨和中午我们的值周老师都会提前半小时到岗，认真检查每位学生的体温。我们经常会看到值周老师在校门口用体温表测量孩子的体温，或打电话通知学生家长带孩子前往医院进行检查，从而确保不让一位发烧的孩子进入我们的班级，传染给其他学生，使学校的晨检和午检工作扎实、有效地进行。同时我们认真做好教室通风、卫生打扫和保持工作，让孩子们能在一个干净舒适的环境中学习。在甲流流行日益严重的今天，我们学校未发现一例甲流患者，这与我们老师的辛勤工作分不开。

7.廉洁自律，依法治校

2009年，我们坚决执行义务教育段免费、就近入学原则，坚决执行上级部门制定的各种制度。加强行风建设、规范办学行为，坚决杜绝乱收费现象。坚持勤为先、廉为本，学校经费坚持按财务政策严格把关，做到该节约的节约，把钱花在刀刃上。

8.今后的设想

（1）兴建多媒体教室，让多媒体为教学服务。

（2）稳定生源，做好家长工作。

（3）为教师提供外出进修的机会。

（4）加大教学改革和创新的力度。

新的一年意味着新的机遇和挑战，我决心努力以良好的心态、充分的热情，去做每天平凡的工作，不断探索、奋力求成，用自己所做的每一件事，去诠释校长责任的分量，让××小学在奋进中追求创新。

各位领导、各位老师，以上是我一年的工作回顾，恳请大家批评指正，我将虚心接受，力争办人民满意的教育。

谢谢大家！

案例四：医院中级职称竞聘述职

各位领导：

大家好！

本人于2001年大学毕业后，一直在市疾病预防控制中心从事地方病防治工作。2002年取得执业医师资格，同年被聘为医师；2007年取得中级职称资格。现将本人任职以来的工作情况总结如下。

在政治思想方面，我始终坚持党的路线、方针、政策，始终坚持全心全意为人民服务的主导思想。积极参加单位和科室组织的各项政治活动和政治学习，坚持读书看报，不断提高自己的政治理论水平。作为一名青年同志，我积极追求先进、要求进步，积极向党组织靠拢，并光荣地向党组织递交了"入党申请书"。

在职业道德方面，本人自觉遵守单位各项规章制度，勤奋工作，不迟到，不早退；尊重领导，团结同志；热爱自己的工作岗位，端正自己的职业操守，遵守医师的职业道德，全心全意为群众的健康服务。

在业务学习方面，我努力钻研业务，精益求精。随着社会经济的不断发展，人民群众对健康要求的不断提高；随着科学技术的不断进步，新的理论、技术、方法不断出现，我深刻意识到只有不断学习、充实自己，才能更好地胜任自己的工作岗位，不断迎接新挑战。因此，我积极参加各种学术交流、医学继续教育活动，利用报纸、杂志、书籍，以及互联网等，不断提高自己的知识水平，扩展自己的视野，提高自己的业务素质，以适应时代的要求，为今后工作打下坚实的基础。

在日常工作岗位上，我认真做好本职工作，听从科长的安排，服从领导的调度，认真做好血吸虫病、碘缺乏病、疟疾、丝虫病等地方病防治工作，协助办理政府血防办事务。我工作积极主动，善于思考，不断进取，勇于创新，为防治工作献计献策。坚持工作在基层第一线，不怕苦、不怕累，全身心地投入查灭螺、查治病、健康教育、防控急感、晚血救助等血吸虫病防治的基层工作中，全心全意为群众的健康服务。我还一直负责血吸虫病信息资料的收集、整理、统计、上报等工作，协助科长制订工作计划、撰写工作总结。

今后，我将一如既往地努力奋斗在卫生防治第一线，为人民群众的健康服务。

谢谢大家。

面试演讲

面试演讲的适用范围

职位面试

当你接到企业的面试通知电话后,应该做什么呢?

(1)接到面试通知电话时一定要问清楚应聘的公司名称、职位、面试地点(包括乘车或开车的路线)、时间等基本信息,最好顺便问一下公司的网址、通知人的姓名和面试官的职位等信息。最后,别忘了道声谢。这里提醒大家,尽量按要求的时间去面试,因为很多企业都是统一面试,如果错过机会可能就错失了工作岗位。

(2)上网查一下该公司的相关背景和应聘职位的相关情况。

(3)公司背景包括企业所属行业、产品、项目、发展沿革、组织结构、企业文化、薪酬水平、员工稳定性、发生的关键事件等,了解越全面、深入,面试的成功率越高,同时,也有助于你对企业做出正确的判断(人才和企业是双向选择的关系)。

(4)应聘职位情况包括应聘职位的名称、工作内容和任职要求等，这一点非常重要，同一个职位名称，各家企业的要求是不尽相同的，了解越多，面试的针对性就越强。

（5）在亲友和人脉圈（包括猎头）当中搜索一下有没有熟悉、了解这家企业的，他们的感受无疑具有非常重要的参考价值。如果有熟人关系（无论直接或间接），能说上一两句话起码同等条件优先是可以肯定的。"有熟人好办事"绝对是放之四海而皆准的真理。

（6）这里要说明的是，在招聘会或网上投简历时，最好有个记录，包括应聘的企业和职位，哪份简历投的，哪些企业招聘会上做过简单面试、面试官是谁、面试内容是什么、提过多少待遇要求，等等。在接到面试通知时，马上查看一下。

（7）如果是应聘高管职位，最好能了解一下老板的相关背景和个性风格等（一般情况下，老板肯定是面试的最后一关）。

公务员面试

1. 考官组成

公务员面试一般由5、7或9名考官（人数不定，但总为单数）组成，人员包括用人单位、组织人事部门、纪律监察部门和理论社科部门的人员等。

2. 评分标准

一般为每位考生面试后先打初评分，等所有人面试结束后通过平衡整体情况再给予每人最后得分。每个人的得分是去掉最高分和最低分后的平均得分。面试分数在所有人员面试结束后当场公布，因此，请随身携带纸笔，记下自己的得分和其他面试人员的得分，面试结束后询问一下别人的笔试分数，按比例进行总分计算（一般为笔试×40%+面试×60%，或笔试×50%+

面试×50%），得出你在笔试及面试后的名次，这时能不能被录取基本就心中有数了。

3.面试准备

一是衣服。要准备一身整洁的衣服，男士要穿正装，即西装+领带+白衬衫+黑皮鞋（深色袜子），女士要穿职业套装，可以根据气温情况决定下身着套裤或套裙。

二是外表。头发要整齐，面部要整洁，男士要剃须，皮肤要清洁。女士可以化淡妆。

三是注意坐、立、行的姿势。要站如松，坐如山，要给评委以稳重自然的印象。

四是准备白纸两张，笔一支，手表一块（最好要大字大显示屏的）。

4.面试程序

到考场后，会有专门的准备室，这时所有面试人员都在一起，面试前30分钟左右抽签决定面试顺序。第一名面试人员结束后，不回准备室，到休息室，与其他面试人员不得见面。第二名面试人员结束后，到休息室，与第一名一起等待结束，依次类推。如果面试人员较多，中间会有休息时间。结束面试的人员可以在休息室附近自由活动，但不可以接近考场和准备室。

当轮到你面试时，会有工作人员引领你到考场门外，然后进入考场，回答考官的问题，在结束所有回答或考试时间已到后，由工作人员带到休息室。

所有人员面试结束后，会有一段时间等待评委打分和工作人员算分。算分结束后，工作人员会把所有面试人员再次领到考场，由主考官按面试顺序宣读每位考生的面试最终得分。

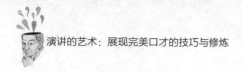

面试演讲的内容要求

俗话说，"千里良马尚高嘶"。求职面试时，同样要学会恰当地自我介绍。招聘者手中往往有许多求职履历表，这里面的应聘者个个实力雄厚，因此招聘者想知道你和别人相比有什么独到之处。在能力相同的情况下，那些求职者之所以能够成功，关键在于他们在做自我介绍时的出色表现。

面试演讲的主要内容

由于面试演讲多数情况下时间很短，因此内容不宜太多、太繁杂，着重讲好以下几个方面即可。

（1）自己的简历、家庭状况。

（2）自己的专业、主修的课程。

（3）所担任过的社会工作。

（4）对自己未来工作的简单设想。

（5）应聘的态度。

（6）自己的抱负和理想。

自我介绍时须避免的问题

在做自我介绍时，有一些应聘者常犯的毛病在这里我们特别提出来强调，希望大家注意。

1．"我"字连篇

千万不要以为"自我介绍"最容易用上的字是"我"字。当面试官说："谈谈你自己吧！"一名应试者十分巧妙地回答："您想知道我个人的生活，还是与这份工作有关的问题？"他把应该用"我"字打头的话，变成"您"字打头。

老把"我"挂在嘴边的人，易使人反感，受人轻视，会被认为是强迫性的自我推销。因此，要经常注意把"我"字变成"您"字。"您以为如何呢？""您可能会惊讶吧？""您一定觉得好笑。""您说呢？"把"自我介绍"变成一场你与面试官之间的谈话。

2. 空泛无物

许多人往往急于介绍自己、推销自己，却因为讲话空泛无物，而引起面试考官的怀疑。

吴小京去某报社应聘业务主管，主持面试的负责人问他："你日常的兴趣是什么？"他说是爱看书。主试官问："你爱看什么书？"吴小京回答说："爱读西方经济学著作。"主试官又问："主要是哪些著作？"吴小京搜肠刮肚偏偏一部著作也想不起。其实他的确读了一些，只是时间太长了，而近日又没有摸过这类书，所以一时想不起书的名字。吴小京想把自己塑造成爱读书、学识渊博、有能力胜任主管工作的人，但由于介绍不"畅"，反而留下了爱吹牛皮的嫌疑。面试结果是他没有收到录取通知书。

3. 说话不留后路

自我介绍最忌吹嘘、夸海口。大话一旦被拆穿，面试很难再进行下去。

小张去面试一家国际旅游公司的导游，他自我介绍说："我这个人喜欢旅游，熟悉名胜古迹，全国的大城市几乎都去过。"面试官很感兴趣，就问："你去过杭州吗？"因为面试官是杭州人，很熟悉自己的家乡。可惜小张偏偏没去过杭州，不过他心想若说没去过这么有名的城市，刚才那句话不是瞎吹吗？于是他硬着头皮说："去过！"面试官又问："你住在哪家宾馆？"小张答不上来，只好支吾说："那时没有钱，只好住小旅馆。"面试官又说："杭州的名小吃你一定品尝过？"小张照样说："那时没有钱，就一心看风景，没有去吃小吃。"小张语无伦次、东拉西扯、答非所问，最后终于不能自圆其说，谎言被当场识破，使面试官十分反感，面试一败涂地。

所以，在求职面试中，说话一定要留后路，千万不要夸大其词，否则，对方不会认为你是"千里马"，更不会录用你。

自我介绍的要点

自我介绍并不是随心所欲进行的，一个良好的、恰到好处的自我介绍能给面试官留下深刻的印象，反之则会让你的面试一开始就一塌糊涂。自我介绍是有讲究的，可以从以下几个方面来着手。

1. 彬彬有礼

在做介绍前，要先向面试官打个招呼，道声谢，例如："经理，您好，谢谢您给我这么好的机会，现在，我向您做个简单的自我介绍。"介绍完毕后，要注意向面试官表达谢意。

这能给面试官留下很好的印象，没有人会拒绝谦恭的态度。

2. 主题明确

在做自我介绍时，最忌漫无目的，东扯一句西扯一句，或者陈芝麻烂谷子都事无巨细、一一详谈，让人听了不知所云。求职面试中的自我介绍宜简不宜繁，一般包括这些基本要素：姓名、年龄、籍贯、学历、学业情况、性格、特长、爱好、工作能力和工作经验等，对于这些不同的要素该详述还是略说，应按招聘方的要求来组织介绍材料，围绕中心说话。假如招聘单位对应聘人的工作能力和工作经验很重视，那么，求职者就得从自己的工作能力及经验出发做详细的叙述，而且整个介绍都是以这个为中心。

下面是一位求职者面试时的自我介绍，非常的精练，分寸把握得当："我的经历非常简单。1985年，18岁的我高中毕业没有考上大学，通过招工进入某厂当了一名车工。从此，我操刀切削10多年。其间三次参加全市车工岗位技术大比武，荣获两次第三名，一次第二名。去年企业破产，我下岗失业。下岗后参加过3个月的电脑培训，3个月的英语培训，取得两个上岗证书，为我掌握现代化的数控车床打下了基础。听说贵公司招聘技工，我觉得自己是比较合适的人选。"

从上例中可以看出，介绍自己简历时可以从参加工作时讲起，不要拉得太远；经历中重点介绍自己从事什么工种，有何特长，凡与此无关的都可以省略；能够显示自己优势的，可以讲详细些，而且要与招聘内容联系起来。例如，三次参加技术比武获奖，两次参加技术培训，都显示了应聘者的技术水准，可以说正投招聘者所好。因此，立刻引起了面试官的兴趣。当然，介绍自己经历中的成绩时，要注意口气，要巧妙地表露出来，不要显示出自我吹嘘的痕迹，要给人自信、谦逊、不卑不亢的印象。在应聘前的准备过程中，要注意把握好分寸。

3.让事实讲话

在自我介绍中，要尽量避免对自己做过多的夸耀，一般不宜用"很""第一""最"等表示极端的词来赞美自己。在面试场上，有些人为了让面试官对他留下深刻的印象，往往喜欢对自己进行过多的夸耀，如"我是很懂业务的""我是年级成绩最好的一个"，总是带着优越的语气说话，不断地表现自己。

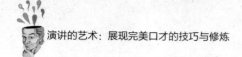

其实，如果对自己做过多的夸耀，反而会引起面试官的反感。

谈论自己的话题，应尽可能避免一些夸大的形容词，把话讲得客观真实，尽量用实际的事例去证明你所说的，最好用真实的事例来向面试官显露你的才华。

一家搬家公司在招聘面试时，发现一位应试者在校成绩不太好，主考者问道："你的成绩不大好，是不是不太用功？"应试者回答说："说实在话，有的课我认为脱离实际，就把时间全花在运动上了，所以身体特别好，还练就了一身好功夫。"主考者很感兴趣，让他表演一下。应试者脱下衣服，一口气做了100多个俯卧撑，使主考者大为吃惊，立即录用了他。

有位成功面试者这么说："我毕业于一所没有名气的大学，所以请看看我过去10年的工作成就吧！"用事实来突出他的精明和能干。

当你提到自己某方面长处时，请千万记住要用具体论据来支持。比如，你说"我和其他工作人员的关系很好"时，别说到这里就停止了，还要举一些具体事例来加以陈述，例如："我总是和我的工作伙伴以及属下有着相当融洽的关系，而且我也跟从前每一位上司都成了好朋友。"

4. 愉快自信

谈自己、推销自己本来是可以谈得很好的话题，但是许多人却在推销自己上缺乏勇气，这或许是怕引起别人反感的缘故。而在平时生活中也常常听他们说："我有什么好说的。你们天天不都看见了吗？"这就使他们养成从不自我评价、自我展示的习惯，到了要谈论自己时，免不了有些难以启齿。

范萍萍去面试，整个过程，她都声如蚊蚋，特别是谈到自己时，更显得羞于张口。后来她打电话给公司秘书询问结果时，公司秘书非常为难地告诉她："面试官说，你那么小的声音，显得对自己不自信，缺乏活力，也缺乏必要的应酬能力。"范萍萍拿着电话哭了起来。

5. 好牌留到后面出

当你有了不起的业绩时，或者你有足够的资历经验能胜任这项工作时，不要在"自我介绍"中和盘托出、暴露无遗，要给自己留一手，而且一开始就说出"伟大业绩"会给人自吹自擂的感觉，会引人反感，留在后面说，会给人以谦虚诚实的印象，使面试官对你刮目相看。

小秦曾经得过全国发明奖，但他没有跟面试官提这件事，因为他觉得目前这份工作与他的发明没什么关系。没想到当谈话进一步深入时，面试官无意中提到了这项发明。小秦笑笑说："这是我前年搞的，去年和今年又搞了两项。"面试官问："得奖了吗？"小秦说："那有什么可值得提的。"小秦也许在今年和去年都没有得奖，但他对得奖的淡然，赢得了面试官的好感。面试官十分高兴，录用了小秦。

试想，如果小秦一开口就把自己发明的成果大大宣扬一番，面试官就会说："你更适合搞发明吧！"而且心里还会想：这人有什么了不起的，别拿什么奖来吓唬我。你越用过去的业绩来炫耀，面试官就越不买你的账。

最后要提醒注意的是，我们必须学会"瞬间展示法"。因为现在许多企业特别是外资企业和合资企业，都喜欢采用"一分钟录像"的办法来选择人才。所谓一分钟录像，就是只给应聘者一分钟的时间，让他们利用这短暂的时间来介绍自己，同时录像，然后拿给招聘者观看。

如果招聘单位使用"一分钟录像"的方法录用人员，那么求职者在一分钟的时间里，如何充分地表现，如何更多、更好地让对方了解自己，便成了求职成功的关键所在。因而，要求应聘者必须在短短的几十秒或某一瞬间，最有效、最充分而又最简洁地表现自己，从而获得求职成功。这种策略称为"瞬间展示法"。

面试演讲的注意事项

1.扬长避短，向完人靠拢

我们都非完人，但可以扬长避短，向完人的标准靠拢。让我们来看一段戴维与法拉第的对话。

戴维："很抱歉，我们的谈话随时有可能被打断。不过，法拉第先生，你很幸运，此时此刻仪器还没有爆炸。你的信和笔记本我都看了，你好像在信中并没有说明你在什么地方上大学。"

法拉第："我没有上过大学，先生。"

法拉第接着说："不过我尽可能学习一切知识，并在用自己的房间建立的实验室里进行实验。"

戴维："唔，你的话使我很感动。不过科学太艰苦了，付出极大的努力只能得到微薄的报酬。"

法拉第："但是，我认为，只要能做这项工作，本身就是一种报酬！"

这是一段精彩的传世对白，它是英国科学巨匠法拉第当年向戴维爵士求职时的对话。当戴维爵士强调法拉第没有正规学历时，法拉第毫不避讳地承认自己没有上过大学，并把话锋迅速转向他的长处——执着、勤奋。最后，法拉第被戴维破格收为自己的助手。

这就是一种典型的扬长避短式的回答。答者极力宣扬个人的长处，并把自己的长处同应聘的工作有机地结合起来，变不利为有利。

我们可能会经常遇到这样一个问题："你认为你自己最大的弱点是什么？"我们不得不针对这个提问做一番对策准备。

这是一个棘手的问题。如果照实回答，你可能会毁了即将得到的工作；如果回答没有什么缺点又实在不能令人信服。招聘官试图使你处于不利的境地，观察你在类似的工作困境中将做出什么反应。

完满的回答便是用简洁正面的介绍抵消缺点本身带来的不良效果。请记住以下几个原则。

（1）不宜说自己没什么缺点。

（2）不要把那些明显的优点牵强地说成缺点。

（3）切勿不经思量说出那些严重影响所应聘工作的缺点。

（4）不宜说出一些令人不放心、不舒服的缺点。

（5）可以说出一些对于所应聘工作从表面上看是缺点，从工作的角度看却是优点的缺点。理解这一点就能巧妙解决问题。

2. 用幽默化解紧张气氛

大多数人刚进入面试厅时都表现得略显紧张，有不少有能力、有才华的人因此痛失机会。对于面试官来说，紧张慌乱的应聘者，意味着不能很好地胜任工作。此时，如果你善于幽默，就可以借美言笑语化解紧张气氛。幽默可以说是一种优美的、健康的品质；幽默也是人与人之间的润滑剂，是一个敏锐的心灵在精神饱满、神气十足时的自然流露。每个人都喜欢有幽默感的人。幽默在某些时刻是通向事业坦途的一盏明灯。

在求职面试过程中，求职者在回答问题时采用一些幽默的语言，不但可以活跃气氛，也能获得面试官的好感。到达成功彼岸的路可以说有千条万条，而幽默是一条阳光大道，是潇洒走一回的必然选择。

一位考官这样问一个应聘者："为什么你要选择教师这个职业？"

应聘者回答说："我从小时候就立志长大后要做伟人的妻子。但现在，我知道我能做伟人妻子的机会实在太渺茫，所以改变主意，决定做伟人的老师。"

这位应聘者的回答博得在场人员的一片掌声，结果她被录取了。

这位应聘者的明智之处就在于打破了常规思维和表达模式，以真实感受胜人一筹。她用了"伟人"这个范畴来贯穿前后，幽默地表达了自己所立的志向。幽默的谈吐，既表达清楚了自己的中心意图，又出语惊人、新颖、不落俗套，因而这位求职者获得了成功。

幽默是自信的表现，是善于处理人际关系的反映。可以说，哪里有幽默，哪里就有活跃的气氛；哪里有幽默，哪里就有笑声和成功的喜悦。为此，在面对非常严肃、紧张、决定前途的面试的时候，不妨来点幽默，使自己放松，也使考官记住你，可能还会使你在面试中脱颖而出。

3. 两难问题折中答

折中可以说是一门艺术，是智者留下的一颗智慧结晶，是为人处世中各个方面都可以适当运用的生存立世之道。

在求职面试中，主考官经常会出一些令你左右为难的问题。在这个时候，你可以选择缄默吗？不能，那只会使你与工作失之交臂。你只能勇敢作答，但有勇也要有谋。左不行，右也不行，那就最好采取折中术。

在一次外企面试中，双方交谈得很投机，看来希望不小。接近尾声时，考官看了一下表，问："可不可以邀请您一同吃晚饭？"

原来这也是一道考题。如果应聘者痛快接受，则有巴结、应酬考官的嫌疑；如果应聘者干脆拒绝，又被说成不礼貌。应聘者动了动脑筋，机智地回答道："如果作为同事，我愿意接受您的邀请。"

由于他预设了一个前提条件，因此他的回答十分得体到位，获得了好评。

总之，对于可能设有"陷阱"的提问，一般情况不要直答，而应想一想对方的用意是什么，"机关"在哪里，然后运用预设前提的说法跳过陷阱，予以回应。所谓折中术，就是采取一个巧妙的方法将划分左右的界线模糊掉。

日本住友银行招聘公关人员时，极为重视职员协调人际关系的才能。该银行没有专门考核应聘者的业务知识，而是出了一道别出心裁的题："当国家的利益和住友银行的利益发生冲突时，阁下采取何种对策？"

三类不同的应聘者对问题的回答迥然不同。

第一类人回答："当国家利益跟我们银行利益发生冲突时，我会坚决地站在我们银行的立场上。"

银行主管人员认为，这样的人将来准会捅娄子，不能聘用。

第二类人回答："当国家利益和住友银行利益发生冲突时，我作为国家的一员，应该坚决保护国家的利益。"

银行主管人员认为，第二类人员适合政府部门的工作，也不可取。

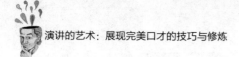

第三类人则回答说："当国家利益和银行利益发生矛盾时，我会尽全力淡化矛盾。"

银行主管人员认为这种人才是住友银行需要的高手。企业同政府的关系往往集中表现在国家利益和企业利益上，企业公关人员作为企业与公众之间的媒介，只有注重社会整体的协调性，善于采取圆融战术，才有可能妥善处理好企业与国家的关系。

在这里尤其要指出的一个方面是，由于女性本身所具有的一些求职方面的先天劣势，如结婚生子、照料家庭内务等，招聘单位常担心其婚姻和家庭会影响工作，因此面试时往往会提出许多相关的问题。这些问题或刁钻古怪，或直击要害，总之让人觉得左右为难，如何回答都不妥当，但能否回答好这些问题，又直接关系到求职是否能获得成功。其中有一个问题常常被当作拦路虎时时跳出来为难求职女性：如果让你在家庭与事业之间做选择，你认为哪一个更重要？

这是一个老生常谈的问题，也是一个难题。事实上这是一个对任何人都重要的问题，之所以更经常地出现在女性求职者面试的情景中，是由于女性往往要对家庭内务承担更多的责任，而这些责任很可能与工作冲突。招聘单位自然非常希望你以事业为重，但也很清楚谁都希望拥有一个幸福美满的家庭，有幸福的后方保障，才能无后顾之忧地集中精力工作。显然，这道题目是个两难的选择，不管你选择家庭还是事业，无疑都是不合适的。所以，回答这个问题的时候，不妨换个角度，不和题目正面冲突，又给出招聘单位想要的答案。

你可以参考如下的回答。

"我认为，无论在工作上还是在家庭中，女性的最大目标都是要使自己活得有价值。虽然我很想通过工作来证实自己的能力、体现活着的意义，但家庭对于我的意义也是不容小觑的，我也相信，不只是我，而是每个人应该都是这么认为的。家庭和工作也许是互相影响的两方面，但我相信，它们并不是站在对立的立场上，处理得当的话完全有可能两全其美。事实上，有很多女性都是这样做的，而且她们也做得很不错。我认为我也可以做到。"

这样的回答，既表明了你对待工作的态度，又表达了你对家庭的热爱，而这两点，正是一个心理健康、成熟的女性所应该具备的。

其实，在面试中折中回答问题，就是避开问题锋芒，不表明你对任何一个方面的倾向，所有的回答都是为求职这个目的服务。

4. 薪水问题小心谈

在中国人的传统思想里，谈钱是一件很俗气的事，尤其是在求职面试这样的情景之下，开口谈钱更是一件左右为难的事。主动问吧，怕被人看成是斤斤计较，只顾追求金钱利益，弄不好还要得罪招聘方；不问吧，自己心中又过不去，万一等到最后才发现薪酬低得令自己难以接受，岂不是竹篮打水一场空？很多大学生在求职面试时由于缺乏社会经验，对于用人单位提出的薪酬要求更是讳莫如深，难以启齿，通常支支吾吾半天仍是词不达意。俗话说，"谈钱很俗气，但是很实际"。工作最终是为了生存、生活，所以薪酬问题并不是一个无关紧要的问题。

我们必须明白，在求职过程中，求职者总是要面临薪水问题的，总免不了有一场讨价还价。有经验的求职者，把讨价还价同展示自己的智慧与实力有机地结合起来，通过谈判，既争取了预期的待遇，又展示了自己的能力，可谓是一举两得。

但是，目前有一种说法，即在择业过程中，最好不要问自己的薪酬，否则可能引起招聘者的反感。甚至有的人事经理更加绝对地说："如果应聘者主动问薪酬，我肯定让他走人。"

这就给应聘者出了一道难题。其实，问题的关键并不在于该不该问薪酬，而在于你问这个问题要把握好时间、地点和怎样发问。

在人才交流会上，当你递交应聘资料时，可以不失时机地问一声：这个岗位的收入大约是多少？由于交流会人多嘴杂，招聘者忙得焦头烂额，很可能在不经意中露出真相。如果他不愿回答甚至反感，由于此时乱哄哄的，他也不大可能耿耿于怀地记住你。

但正式面谈时又另当别论了。情况要比上面复杂些。

一些求职者，尤其是毕业生，初次面对求职，由于不知道如何回答薪酬问题，常常对于招聘方提出的此类问题讳莫如深。如果招聘方是在面试初期提出这个问题，通常可能是对你的试探，千万不要轻易开口，最好的回答是："我很愿意谈论这个问题，但是能不能先请你谈一下工作内容？"或者说："在你决定雇用我、我决定在这儿工作之前讨论这个问题还为时过早。"大多数情况下，这样的说法都是得体而奏效的。

但在面试后期，即使你一再避免谈及薪水，也仍然会有面试官要求你正面回答这类问题。这时，你就要运用技巧来回答。

薪酬问题一定要说，但是说多少呢？这时的难题是：要价太高，会"吓"跑老板，让人产生"狮子大开口""自视过高"等不够谦虚的负面印象；要价低，则很可能将来进了公司发现跟自己同等职位的同事们都比自己拿得多，觉得委屈不说，往往还会影响工作的热情，吃哑巴亏。因此，这个时候给自己"算"出一份合理的薪水是很重要的，那么，究竟该怎样算出自己的"定价"？

一般来说，大多数职位在市场中都会有一个比较公认的薪酬价格，当然，这些行情价也会因公司的性质、规模大小、行业的不同等而有不同的弹性。比如，同是文员，外企和中小型公司相比，薪酬就会相差很远。因此，在求职前你首先需要做的，就是把你要应聘的职位在同等类型、规模的公司里的行情价打探清楚。

行情价只是大致标准，弄清楚后，你要做的就是考虑怎样去讨价还价，为自己争取尽可能多的利益。在这里面，你所应聘职位的可替代性大小在很大程度上决定了你讨价还价的资本有多少。职位可替代性越小（一般来说都是偏于技术性、技能性等方面的工作），还价的资本就越高，你也就越可以放心地提出自己的要求。如果是可替代性大，没了你谁都能干的那一种，则劝你还是少还价或是别还得太厉害为妙。另外，职位越高的工作，还价允许的幅度也就越大，反之，则越小。

工作经验和学历在不同的行业、公司里也有不同的分量。如果你要应聘的是管理方面的工作或是技术工种的工作，那么你拥有的工作经验将是非常重要的，这也会极大地影响你可能会得到的薪酬。至于学历，则要看你的工作对学历的要求度是多少。一般来说，在大公司里，高学历被认为代表着高素质，学历当然比较重要；而对于一些小公司来说，也许他们更情愿要一般的实干型人才。因此，自己的经验和学历值多少，在定价的时候还得掂量掂量，做到心中有数。

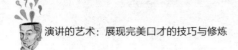

薪酬定位明确以后，还要学会讨价还价。

涉及工资时，应坦然地与面试官交谈，说出自己的要求，只要工资要求合理，就不会改变自己在面试官心目中的印象。

在谈及薪酬时，不要以为面试官第一次所报出的数目就一定是他们决定付给你的最终价格，如果觉得不满意，不妨适当表达自己的意见。求职时关于薪酬的讨价还价不仅是对自身利益的捍卫，还是求职者的智慧、才识及对行业熟悉程度的反映。

一般情况下，招聘单位很少会给你超过你最初提出的薪水数目。因此，谈判时则应注意避免自己先主动亮出底牌，而应让面试官先报出他想给的薪酬，后发制人，才有回旋余地。如果对方报出一个合乎自己意愿的数字，也不要喜形于色，沉默一下，显得像是对这个数字不感兴趣的样子，然后在面试官报出的价格上提高15%～20%，并再次强调自己拥有的一些特殊资格。但如果你发现他们的第一次报价就是唯一的报价，可以略为沉吟，再落落大方地表示可以考虑先接受下来试试。

在谈判过程中，如果用人单位坚持让你先开价，可以以一些该职位的通常薪资是怎样的为铺垫，再告诉其一个大致的薪酬范围。真正有诚意的用人单位都明白，只有提供了合理的薪金，才能调动员工的积极性，留得住人才。理想的薪酬数，应是用人单位和求职者双方都能接受的，而求职者应表现一定的灵活性。

总结起来，面试谈到薪酬问题有以下几点需要注意。

（1）切勿盲目主动提出希望得到的薪酬数目。

（2）尽可能从言谈中了解，用人单位给你的薪酬是固定的还是有协商的余地。

（3）面试前设法了解该行业薪酬福利和职位空缺情况。

在协商过程中，如果用人单位要你开价，可以告诉其一个薪酬幅度。如他一定要你说出个明确数目，可以问他愿意付多少，再衡量一下自己能否接受。

工作谈判不能像其他谈判那样，一味设法使对方提高你的薪酬，而对方就只顾压低你的价钱。把原来和谐的气氛弄成敌对的局面，这对你实在没有好处。

谈判一旦出现僵局，不妨把话题转移到有关工作的事情上。例如，当对方有心压低你的薪酬时，你就可以将话题转移到你上任后有何大计，如何扩大市场占有率和如何降低产品成本等，那样原来紧张敌对的状态，很快便会变成同心协力的局面。

谈薪酬的时候，不一定只拘泥于薪资本身。不妨在谈的过程中强调薪水和你应聘职位的关系。让招聘官听到的不光是你说的那个数目，而且还对你的回答留下如下的印象：薪酬是重要的，但你更在乎的是职位本身，你喜欢的是这份工作的内容和挑战；你所报出的数目是因为后顾无忧的待遇将更能让你在职业安全的条件下发挥自己的才能，为公司带来更大的效益。

如果你是个有一定工作经历的人，则不妨提一下以前的工作薪水，这样很容易给面试公司一个比较明确的参考答案。怎么说也是"人往高处走"，总不至于以前一个月拿3000元，到这儿才拿2000元吧？当然，前提是你得先让招聘官相信你所有的技能、经验契合这个职位并且值这么多钱。

如果受公司预算限制，给的薪酬比你现有或以往的薪水要少，但只要你认定这是一份理想工作，不妨暂时不谈薪水。待对方认定你是最佳人选，再尝试以职位及工作为由，多要求些福利津贴。例如，若想要求提高公务开销，你就应说以往工作顺利，全因频频与客户交际应酬，从而提出担心公务开销不够，雇主最终会乐于增加这方面的津贴。

面试演讲的场景应用

案例一：公务员面试

各位尊敬的考官：

早上好！今天能在这里参加面试，有机会向各位考官请教和学习，我感到十分荣幸，同时通过这次面试也可以把我自己展现给大家，希望你们能记住我，下面介绍一下我的基本情况。我叫××，现年××岁，汉族，大专文化，平时我喜欢看书和上网浏览信息，性格活泼开朗，能关心身边的人和事，和亲人朋友相处融洽，能做到理解和原谅，对生活充满信心。我曾经在××工作，并先后在不同的岗位工作过。开始我从事××工作，随后因公司需要到××，有一定的社会实践经验，在工作上取得了一些成绩，同时也得到了公司的认可。通过几年的工作我学到了很多知识，同时还培养了我坚忍不拔的意志和顽强拼搏的精神，使我能够在工作中不断地克服困难、积极进取。

加入公务员的行列是我多年以来的一个强烈愿望，同时我认识到人和工作的关系是建立在自我认知的基础上的，而我感觉到我的工作热情一直没有被激发到最高。我热爱我的工作，但每个人都在不断地寻求取得更好的成绩，我的自我认知让我觉得公务员是一个正确的选择，这些坚定了我报考公务员的信心和决心。所以我参加了这次公务员考试并报考了××，如果这次能考上，我相信自己能够在××中得到锻炼和获得发展的机会。公务员是一个神圣而高尚的职业，它追求的是公共利益的最大化，因此要求公务员要为人民、为国家服务。雷锋曾这样说过：人的生命是有限的，为人民服务是无限的，我要把有限的生命投入无限的为人民服务中去。这个职位能让我充分实现我的社会理想和体现自身的价值。俗话说，"航船不能没有方向，人生不能没有理想"，而我愿意成为中国共产党领导下的一名优秀国家公务员，全心全意为人民服务。

案例二：公司经济管理职员面试演讲

尊敬的各位先生：

你们好！

此时，我不能向你们出示任何一位权威人士的举荐信来为自己谋求职业，因为，对于像我这样一个默默无闻的普通学生来说，十几年依靠不懈努力掌握的知识和技能是我唯一凭之立足的基石。现在，我以诚挚的心情向诸位袒露我的基本情况，并以此推销自己，恳请贵公司在决定接收或拒绝我之前，不要将它弃置不顾。

我叫××，现就读于××大学经济管理专业，××大学是全国统招的全日制学校，我出生于1988年3月，现年21岁，身高1.62米，身体健康，性格活泼开朗也不失庄重沉静。将于今年7月上旬毕业离校。关于我所修专业的人才培养目标、课程设置、毕业后适宜从事的工作事项，请大家参看我校编纂的《专业介绍》。大学4年间，我的学习态度端正、学习刻苦、成绩良好、知识掌握全面、动手能力较强。相信参加工作后能迅速适应环境，胜任各种专业对口的工作。

10多年紧张的学生生涯使人难得有片刻空闲，作为学生，除了读书，其他任何对生活的要求都可能被视为奢望。尽管如此，忙中偷闲时，我从未忘记抓紧时机拓宽知识面。在各种兴趣与爱好中，我尤其喜欢文学，爱好阅读和写作。我出身于一个文学气氛浓厚的家庭，在亲人的影响下，很早就开始阅读古今中外的名著和文艺书刊。在中学时期，我曾两次获得全校作文竞赛第一名。进入大学后，我一直努力提高自己的文学修养。4年间，我自修完《中国现代文学史》《中国古代文学史》《中国当代文学史》等大量文科必修课程，并背诵了大量古诗词。在学校的征文大赛中，两次获得一等奖。同时，我还被聘任为校刊《××校报》的编辑和校广播站通讯员，工作较出色，并先后在省级刊物上发表了4篇作品。对我来说，阅读和写作，早已不再是单纯的消遣和娱乐，而已成为生活中严肃而崇高的事业，我对此永远怀着深切的热爱和无限的执着。虽然我从未经过专业的培训，也不曾得到过专家的指点，但我自忖能胜任起草、撰写、编辑一般文稿的工作。

书法也是我的业余爱好和特长之一，2006年我通过了严格的书法考核，获得学校颁发的书法合格证。2007年参加全市书法大赛，获二等奖，女子组一等奖，并有书法作品参加全市拥军书画展览。我因此特长在大学期间连续两年任校学生会宣传部部长。在我主持下出的墙报，一次获全校评比第一名，一次在全市六大高校"三个文明"检查中，深得领导的赞赏和好评。

我喜欢速记，我曾在较短时间内完全依靠自学掌握了基本的速记技巧，现在已达每分钟100字左右的水平。

我有一定社会活动能力，被吸收为校公关协会会员。我热心于社会服务活动，现在是市红十字会会员。2008年经短期培训，我已取得摄影合格证。

尊敬的先生们，在上面，出于我的良知和对各位的敬重，我已试图在语言和内容上清楚明了、客观公正地评价自己。若有必要，可否允许我在适当的时候，出示足够的证件对以上每句话负责？

尊敬的先生们，如能蒙诸位不弃，有幸成为贵公司的职员，我将竭尽所学，为单位的发展贡献自己的力量。

谢谢大家！

案例三：公司市场销售员面试演讲

各位领导：

大家早上好！

首先感谢各位领导给了我这样一次面试的机会，我叫××，毕业于××大学。我此次想应聘的岗位是市场销售。我是一个乐观、开朗、自信的女孩，除了学习专业的知识，现在我也正在学习营销方面的知识；另外，在业余时间，我积极参与了社会实践，2006年10月，我在×××做手机销售员，这是我的第一份兼职工作，虽然工作很累，但是使我亲身接触了市场，了解了顾客需求，使我对市场的认识更加深刻。由于我对工作认真负责，对顾客热情，得到了当时督导的好评。于是，在2007年1月，我成功应聘上了××公司的督导助理，在担任助理期间，我的沟通能力及协调能力得到了更进一步的提升。

通过以上的工作经历，我对通信市场这个行业产生了极大的兴趣，同时也通过以上的工作经历，使我得到了磨炼与提升。因此，我觉得自己有能力胜任这个岗位。

希望各位领导能给我这个机会。

谢谢！

案例四：大学毕业生参军面试演讲

尊敬的各位首长，各位领导：

你们好！

在这里我简单地介绍一下我自己。我叫××，毕业于××大学××专业。大学4年里，我掌握了丰富的专业基础知识，具备了专业的英语听、说、读、写、译能力，连续4年获得校级奖学金。通过国家英语四、六级考试之后，我还通过了英语专业四级以及上海高级口译考试。

在校期间，我一直担任外语系学生会外联部干事以及班级团支书等职务，因此我拥有良好的组织协调能力和沟通能力。此外，我积极培养各方面的兴趣爱好，曾在外语系戏剧表演大赛中荣获一等奖，并在学校戏剧表演大赛中荣获三等奖。同时，我积极参加各种各样的社会实践活动，熟悉多种工作环境及工作要求。

2009年6月，我光荣地加入了中国共产党。

来部队工作，是我一直以来的追求。中国人民解放军是中国共产党领导的人民军队，纪律严明，英勇顽强，总站在为人民服务的第一线。他们是我的偶像。

如果我有机会被录用的话，我一定认真服从上级命令，严格要求自己，安心于学院岗位，履行教学管理职责，以事业心塑造团队，以使命感凝聚团队，将全部精力投入学员队的建设之中，以自身谦虚好学、严谨治学的作风引导学员，做学员的良师益友。

第五章

欢迎演讲词

欢迎词的写作

欢迎词的格式

欢迎词由标题、称呼、开头、正文、结语、署名六部分构成。

1. 标题

标题有两种形式。

（1）欢迎场合或对象加文种构成，如《在校庆75周年纪念会上的欢迎词》。

（2）用文种"欢迎词"做标题。

2. 称呼

回行顶格加冒号称呼对象。面对宾客，宜用亲切的尊称，如"亲爱的朋友："""尊敬的领导："等。

3. 开头

用一句话表示欢迎的意思。

4. 正文

说明欢迎的情由，可以叙述彼此的交往、情谊，说明交往

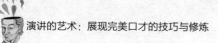

的意义。对初次来访者，可以多介绍本组织的情况。

5. 结语

用敬语表示祝愿。

6. 署名

用于讲话的欢迎词无须署名。若需要刊载，则应在题目下面或文末署名。

欢迎词正文

首先，表示欢迎。这是节庆活动欢迎词正文的开头部分，一般要用简洁的文字交代致辞的背景，即什么活动开幕了，然后用热情的话语对来宾表示欢迎，也可以向来宾或者有关方面（人士）兼表祝愿或者感谢。

其次，阐释意义。为什么要举办节庆活动，目的何为，意义何在，这是节庆活动欢迎词中一般应当予以交代的。

再次，展示优势，也可以说树立形象。这是节庆活动欢迎词正文的重心所在。当下利益重要，长远利益更重要。

最后，表达祝愿。这是节庆活动欢迎词正文的结尾部分，一般用简洁的句子祝愿活动圆满成功，或者祝愿来宾生活愉快，并另起段落以"谢谢大家！""谢谢各位！"这样的礼仪结语结束全文。

欢迎词的注意事项

1. 看对象说话

欢迎词多用于对外交往。在各社会组织的对外交往中，所迎接的宾客可能是多方面的，如上级领导、检查团、考察团等。来访目的不同，欢迎的情由也应不同。欢迎词要有针对性，看对象说话，表达不同的情谊。

2. 看场合说话

欢迎的场合、仪式也是多种多样的，有隆重的欢迎大会、酒会、宴会、记者招待会；有一般的座谈会、展销会、订货会等。欢迎词要看场合说话，该严肃则严肃，该轻松则轻松。

3. 热情而不失分寸

欢迎应出于真心实意，热情、谦逊、有礼。语言亲切，饱含真情。注意分寸，不亢不卑。

4. 注意如何称呼

由于是用于对外（本组织以外的宾客）交往，欢迎词的称呼比开幕词、闭幕词更具有感情色彩，更需要热情有礼。为表示尊重，要称呼全名。在姓名前面或后面加上职衔或"先生""女士""亲爱的""尊敬的""敬爱的"等敬语表示亲切。

欢迎词的分类

从表达方式上分

1. 现场演讲欢迎词

这是指一般由欢迎人在被欢迎人到达时在欢迎现场口头发表的欢迎词。

2. 报刊发表欢迎词

这是发表在报刊或公开发行刊物之上的欢迎词。它一般在客人到达前后发表。

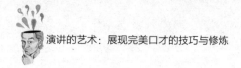
从社交的公关性质上分

1. 私人交往欢迎词

私人交往欢迎词一般是在个人举行较大型的宴会、聚会、茶会、舞会、讨论会等非官方的场合下使用的欢迎词。通常要在正式活动开始前进行。私人交往欢迎词往往具有很大的即时性、现场性。

2. 公事往来欢迎词

这样的欢迎词一般在较庄重的公共事务中使用。要有事先准备好的得体的书面稿，文字措辞上的要求较私人交往欢迎词正式和严格。

欢迎词的场景应用

案例一：老板对新员工的欢迎致辞

各位新员工：

大家好！

我非常高兴地欢迎你们加入××事业团队！并允许我代表××全体同志热烈欢迎你们的加入！祈望你们为××的发展注入新的活力！祈望你们为××事业添砖加瓦！同时也祈望你们尽快融入××团队中，融入××文化中！

只有相识，才能相交，才能相融；只有融入，才能理解；只有继承，才能发展；只有调查了解，才能发展创新。正因如此，不管你以前有多高的学历、多大的成绩、多大的幸福……还是多低的学历、多大的失败、多大的伤痛。这些都属于过去，请你从现在开始，先甘当一名小学生、一名学徒、一名实习生。请记住：这样是为了你对××事业有更大的、更快的贡献，更好地发扬并丰富升华××的文化理念与执行力文化，更细、更精、更准、更稳地完成各项工作，更好地形成有合力的执行力文化，更好地让××从辉煌走向更辉煌！

××是我的，但更是我们大家的，也是我们这个社会的……我们要更加热爱我们的社会，热爱我们的××事业，热爱我们这个家！为了我们这个家更加繁荣昌盛，永葆青春活力，请你、请我、请我们大家、请我们全体同志共同融入××的事业中，和衷共济、肝胆相照、荣辱与共，共创美好的明天！

谢谢大家！

案例二：新生入校欢迎词

亲爱的高一新同学：

当××市教育局招生办普通高中录取书发到你手中时，你就是××学校的一名正式高中生了。我们为你人生旅途中的这一重要转折，跨进以奔向大学为目标的高中阶段而庆幸和祝贺！

××学校创办之初，校长从国外考察回来即以当今国际最先进的教育思想，在国内首先倡导了"情商智商双向开发，素质特长全面培养"的办学理念。多年的教育实践证明：以情促智，教学相长，让学生全面提升了情商和智商的成功素质；让家长普遍实现了希望子女成人成才的愿望。办学十几年来，为实施素质教育做出了重大贡献，被××市教育局评为"教科研50强单位"，被市科技局评为"重大科技成果完成单位"，荣获了××市科技进步二等奖，并经过市督导评估达标，被市人民政府授牌为"市普通中小学办学水平先进学校"，还被评为"全国特色育人成功学校""全国心理辅导特色学校""全国民办百强学校"。我校历年的升学成绩，创造了"低进高出""高进优出"的奇迹；培养了三批高中生入党；走出高中校园的学子，进入大学后成了学习的佼佼者；走到社会的工作岗位上，成了受领导器重的人才。我们靠特色教育和质量取胜，赢得了家长的普遍赞誉，形成了在全国有影响的教育品牌。从中央到地方的各权威媒体都曾多次对我校进行采访报道。

　　××学校的荣誉光环，全是依靠师生的共同打造。我们相信：当你走进××学校，你既是××学校的学生，也是××学校的主人。荣誉靠你我编织，荣誉为大家共享。你应该以高中生的姿态，去迎接高中阶段的挑战。你一定会树立远大理想，实现宏伟抱负，为振兴中华而读书，为报效祖国而准备；你一定会确立大学目标，扎扎实实打下深造必备的知识基础。在高中3年中，希望你能自我认识，不断省悟；自我激励，坚定信心；自我控制，磨砺意志；感恩父母，化作动力；友善相处，合作互助，这些是一个人成功因素中占80%的情商。情商一旦成为你的基本素质，你的智慧潜能定能充分发挥。展开你的双翼，放飞大学梦想。当你拼搏3年后，接到烫金的大学录取通知书时，学校将再来为你喝彩！

第六章

纪念词、悼念词

纪念词的写作

纪念词通常是以叙述形式进行的，要求演讲者语气低沉庄重。其格式分为标题、正文和结尾三部分。

标题

纪念词的标题有以下几种写法或用法。

（1）在纪念词正文前写上"纪念词"三个字。

（2）主持人在纪念会上要用"×××的纪念"。

（3）贴出、刊印时要用"×××（或者关于×××）的纪念"。

正文

（1）写明用什么心情纪念什么人或者什么事。

（2）写明被纪念的人或事的身份或来历，因为什么要纪念。

（3）按时间先后顺序介绍人或事的经历或发展。

（4）对于被纪念者要给予称颂，但不能给予过多的赞誉，

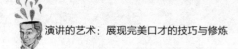

可以简单地概括成几个方面，文字力求简洁。

（5）对于被纪念者的荣誉要客观公正地评价。

结尾

自成一段。因为纪念词是为了展望未来，所以纪念词的结尾可以在总结前人的基础上，对未来做些憧憬，表示自己的决心。

悼念词的写作

悼念词一般可以分为三种：第一种是最常见的叙述式，以叙述去世者的生平业绩为主，并适当地加以议论或抒情。第二种是以议论为主，抒情、叙事为辅，主要是评价去世者对社会的卓越贡献及其深邃的思想，与当下的现实生活结合起来，宣传某种社会理念。第三种是以抒发感情为主，文学色彩浓厚，能在情感上打动人，类似于抒情散文。前两种悼念词通常可以在追悼大会上宣读，而第三种悼念词往往只能在报纸杂志上发表。

悼念词的格式也是分为标题、正文和结尾三部分。

标题

悼词的标题有以下几种写法或用法。

（1）在悼词正文前写上"悼词"二字。

（2）主持人在追悼会上要用"×××同志致悼词"。

（3）贴出、刊印时要用"在追悼×××同志大会上×××同志致的悼词"。

正文

（1）写明用什么心情悼念什么人。

（2）写明逝者生前的身份或担任的各种职务名称，何种原因在何年何月何日几时几分不幸去世的，终年岁数。

（3）按时间先后顺序介绍逝者的简单生平。

（4）对逝者的称颂，可以概括成几个方面，文字力求简洁。

（5）对评价逝者带来的损失，应实事求是；向逝者学习什么，可分成几点写明；用什么实际行动化悲痛为力量。

结尾

自成一段。一般有两种写法。

（1）一句式。"×××同志安息吧！"

（2）概括式。"×××同志和我们永别了，我们要化悲痛为力量……×××同志永远是我们学习的榜样"，一定要注意简短。

纪念词的场景应用

案例一：纪念"九一八"演讲稿

历史老人孤零零地守望着岁月的变迁，当年的硝烟弥漫化作了今天的静默无言，他的臂膀依然坚强地背负着飞驰的火车，他的眼眸一直饱含着未干的血泪……

1931年9月18日，这是一个令中华儿女痛彻心扉的日子。日本关东军炮轰东北军驻地沈阳北大营，发动了对我国东北的大规模

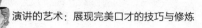

武装进攻，策划并制造了震惊中外的"九一八"事变。由于国民党政府的不抵抗政策，东北三省的大好河山风云失色，沦于敌手。

从此，3000万东北同胞在此后的14年中过着饱受凌辱的生活。然而，对一个民族最严重的摧残不是摧残他的肉体，而是摧残他的文化。文化是一个民族唯一的根与魂。今天，在和平年代的今天，我们能否清醒地坚守自己的文化家园？

三尺讲台是我们平凡而狭小的岗位，三尺讲台还是我们文化战场中最广阔最坚定的阵地。我，就是这个阵地上又一位新的战士！毕业典礼上的那一幕，至今还深深地映在我的脑海里。面对鲜艳的五星红旗，我举起握紧的左拳庄严宣誓："为教育事业奋斗终生！"言到此时，泪水夺眶而出。这泪水是对母校的眷恋，是对恩师的感激，是对同窗的不舍，但更多的是一种强烈的神圣感和使命感！"奋斗终生"就意味着一辈子吗？是的，就是一辈子！

我很幸运，这一辈子的起点是在这里，在教育这片热土上！这里有我钦佩的前辈、师长，这里有优良的传统，这里有一种朴实而伟大的精神，叫作奉献！

这一个月的工作让初为人师的我尝到了苦头。但身边的同事都把疲倦藏在微笑的背后，我还有什么理由说累呢？这一个月的工作让初上讲台的我尝到了甜头。夜深人静，一盏台灯、一个闹钟、一支钢笔……可是，孩子的一次漂亮作业，家长的一个感激电话就会让我精神百倍，困意全无。

这就是一个新教师最真实、最朴素、最舒心的快乐！耐得住寂寞的人生才是充实的人生！没有哪一个岗位能像教育这样聚集了全社会的关注与期待；没有哪一个工作能像教育这样深刻地影响着民族的未来；更没有哪一项事业能像教育事业这样清醒地坚守着文化家园。

又到"九一八",再谈血泪史。纪念"九一八"是为了不忘国耻,是为了不忘落后就要挨打的历史教训,是为了坚定中华民族伟大复兴的信念。

总有一种力量让我们感动,总有一种精神催我们前行。历史老人依旧在前行,我们依旧需要努力,只是为了那段不容忘却的历史……

案例二:纪念长征胜利70周年演讲稿

二万五千里长征,一次改变中国命运的征程已在人们的评说中过去了大半个世纪。长征是人类战争史上的奇迹,它特有的魅力就像是一部最完美的神话,突破时代和国界,在世界上广为传扬。

回首风雨来时路,漫漫征程,说不完的艰难困苦,道不尽的严峻险阻。冰封的皑皑雪山、人迹罕至的茫茫草地、峡谷急流、乌江天险、弯弯赤水、大渡激流……加之蒋介石百万大军的围追堵截、粮食的严重短缺,每一条都足以让人恐惧、绝望。可是长征中的人,却用自己的两只脚,长驱两万余里,纵横十一个省。他们血战湘江、四渡赤水、巧渡金沙江、强渡大渡河、飞夺泸定桥、翻越大雪山、攻占腊子口……二万五千里长征路,二万五千里血与汗的洗礼。所到之处,哪里没有浸透着红军战士的不散热血?哪里没有谱写着一曲动人的壮歌?长征向全世界宣告,红军才是英雄好汉。他们排除万难,经历了九死一生的激烈战斗,战胜了任何人都难以想象的艰难困苦。他们在一条布满荆棘和鲜血的道路上一步步艰难地走来,走向了光明和胜利。

那么,是什么让长征中的人们明知征途有艰险,却毫不畏惧、万死不辞、前仆后继地奔向一个目标?是什么让他们突破国民党军的围追堵截,跨越万水千山,战胜无数艰难险阻,创造了

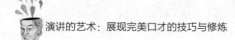

无与伦比的英雄业绩，谱写了惊天地、泣鬼神的伟大革命篇章？是坚定不移的信仰、不屈不挠的求索、无所畏惧的前行、向着理想勇敢奋斗的精神，是老人们口中述说的长征精神。

巍峨的雪山掩盖了革命烈士的躯体，却埋藏不了他们满腔为国为民的赤诚之心；茫茫的沼泽地吞噬了革命烈士的身躯，却掩藏不住他们的信念；如雨的子弹夺去了革命烈士的生命，却夺不去他们的精神。

岁月的年轮沉淀了斑驳的痕迹，冲天的狼烟留下了悲壮的回声。时值长征胜利70周年之际，我们回顾历史，不由得感慨万千。红军长征的壮举已经成为历史，但是，长征精神却具有永恒不变的历史价值和光照千秋的缤纷色彩。那烙印在中华儿女灵魂深处的"长征精神"，与我们党和人民在我国革命、建设和改革的壮丽进程中创造的西柏坡精神、延安精神、奥运精神、三峡移民精神、抗非典精神、神五神六精神一样，是中华民族自强不息、艰苦奋斗精神的延续与升华，是中国共产党人与时俱进的时代创造。长征精神已成为中华民族意志与品格的注脚；成为中华民族追求光明与理想的象征；成为中华民族奋发图强、坚忍不拔、战胜一切困难的支柱。

现在，党中央领导集体正在带领全党和全国人民，为把我们国家建设成为伟大的社会主义强国，让人民都过上幸福美满的生活进行着新的长征。我们仍然需要在21世纪，争取完成中华民族全面实现社会主义现代化、民族腾飞这一现代历史使命。为此我们相信，在建设社会主义现代化的新的伟大征程中，我们仍然需要努力实践长征精神的时代价值；我们相信，在新的历史时期，同时代精神结合起来的长征精神，将激励中华民族实现伟大的振兴，实现中国梦。

一段岁月，波澜壮阔，刻骨铭心；一种精神，穿越历史，辉映未来。长征那英勇的足迹镌刻在为人类追求解放的历史中，始终为中国人民所铭记；长征那革命英雄主义的精神，始终是中国革命和建设夺取成功的基础，始终激励着中国人民朝着一个坚定的方向辉煌前进。

案例三：乔布斯在iTunes发布一周年纪念日发表的演讲

各位：

早上好！希望我们的通讯稿已经被在座的各位阅读了，同时我真诚地希望新版iTunes已经被各位下载体验过了，我之所以有这样的期许，是因为今天是iTunes音乐商店的第一个周年纪念日。在过去的一年里，iTunes取得了令人兴奋的结果。

iTunes音乐商店所带来的变化是革命性的，这种革命性体现在购买一首歌的单价上：99美分。这些用较低价格买来的单曲有着高质量的免费试听版。如果你要购买和下载某首歌，你只需要轻轻一点，每个用户就有了个人使用权利，这一权利是iTunes开创性赋予用户的。在iTunes发行的第一年，超过7000万首歌曲被卖给了音乐爱好者，这样的成绩使得它稳拿全球在线音乐服务榜第一名。在市场份额上，尤其是在单曲以专辑合法下载上，其数额已经超过了70%。

在第一年里，iTunes的成绩远远超出了我们的想象。到了现在它的用户购买量大概达到了每周270万首单曲的数量。按照这样的销售量来看，我们可以预见iTunes很有前途。

在即将要顺利进入第二个年头的今天，我们举行了第三代iTunes音乐商店的产品发布。世界上最大的在线歌曲收录量的目标已经被我们实现了，我们现在的收录量达到了70万首。这些被收录的歌曲主要来源于世界五大主要唱片公司（华纳、环球、百代、贝塔斯曼和索尼）和超过450家的独立唱片公司，这些都是我们的合作伙伴。从一年前启动时的20万收录量到一年后的超过70万的收录量，按照这样的发展速度来看，iTunes有望在今年年底突破100万的收录量。

除了较高的收录量，第三代iTunes音乐商店及iTunes自动点唱机增设了一些不容忽视的炫酷功能。首先，是iMix功能。有了这个功能，用户能够通过这种新的方式将自己最喜欢的歌曲列表发布在iTunes音乐商店上面。这种方式不等同于电子邮件发送歌曲清单的性质，它实际上提供了一个资源共享的平台。任何用户发布到其中的喜好歌曲清单，都可以为其他用户无条件地使用、试听。在试听这些歌曲之余，其他的用户还可以对此进行投票打分，或者购买这些歌曲。这种功能的目的就是创造一种虚拟的资源共享的iTunes社区，实现用户之间推荐音乐、找寻喜欢的音乐、评点音乐的效果。昨天（4月27日）午夜时分，我们开通了新版商店，等到今天早上截止时，iMix功能已经拥有了超过1000人的用户量，另外有5000多人参与了投票。随着时间的流逝，我们有理由相信数据量要远远超过这些，这的确是一个让人兴奋的新功能。

派对随机播放是它的另一个功能。提起随机播放，用不着解释，大多数人都知道。不过不同于一般的随机播放，iTunes所拥有的是一种更高级的随机播放功能，它往往能做到一个DJ的工作，自动从你的音乐库里面选择歌曲，对于刚播放和即将要播放的歌曲它也能自动播放，如果你想重新排列、添加或者删除即将播放的歌曲，它也可以及时而轻松地为你做到。

在派对和聚会上，它俨然是无可挑剔的DJ。在私人场合，它又能够帮助你重新品味一些歌曲，这些歌曲一直在你的音乐库里，但是却很少会被你播放。作为一首被添加进私人音乐库的歌曲，它肯定有着独特的吸引人之处，这个功能就是用来帮助你重新发现这些歌曲，聆听这些歌曲。我们对这一功能的受欢迎程度非常看好。

　　还有一个功能叫作Radio Charts，这是我们新添加进来的一个功能。我们在iTunes音乐商店中添加了《公示牌》排行榜单，这一行为是史无前例的，受到巨大的欢迎。对于Radio Charts功能的开发，我们更近了一步。有了Radio Charts功能的支持，对于在开车途中无意听到的一首你非常喜欢的歌曲，你可以等到回家以后，通过iTunes搜索播放该歌曲的电台，然后从广播电台的歌曲列表中找到那首你认为很棒的曲子，你只需要轻轻一点，这首歌就可以为你所购买了。不得不说，Radio Charts这一功能真的非常棒。

　　产品总是在不断变化，就像现在iTunes又新增了一个能够把所有的音乐视频综合起来的视频板块。这个新增的视频板块，使得我们的视频收录量大大增长。此外，一个新的栏目出现了，这个栏目是一个关于电影预告片的。因此，当你现在再次进入iTunes时，电影预告片便可以随时随地为你所选择和观看了。同时，如果你还想购买电影原声带中的歌曲或者相关的音像图书，你通过链接就可以实现这一想法。

　　关于购买歌曲的权利，我们也有着相应的加强。以前从iTunes音乐商店购买的音乐只能在3台电脑上播放，但是现在，它可以在5台电脑上播放了。对于播放的歌曲范围，也不仅仅限于从今天购买的新歌了，凡是曾经在iTunes购买的歌曲都可以在这5台电脑上播放。这一范围的调整和扩大，是我们根据用户的要求和反馈进行调整所得的。现在，每个家庭的电脑数量远远不止一台，所以除了想要在自己的电脑上播放音乐，你也可能想要在家里的其他电脑上播放。我们现在所能够做到的就是保证快速地传输音乐，在你所想要播放的多台电脑中。多台电脑能够播放同一首歌，这大概是一件令很多人感到高兴的事情。

　　此外，很多用户都希望iTunes拥有一种为自制CD创建并印制碟面的功能，这个功能目前已经被添加到了新版的iTunes里面。现在，它完全能够结合用户对于专辑曲目和封面的要求，自动生成非常棒的CD封面。一些专业的设计模式被开发加入进来，目的是使封面的外观更加美丽。

　　举个例子来说，关于编译CD，iTunes所拥有的能够自动生成一个专辑封面镶嵌图来代表歌曲的功能真的非常棒。这个功能的开发，我个人觉得是自iTunes发行以来最好的功能，我坚信它肯定会受到用户的欢迎和认可。

　　自动将歌曲的格式从WMA转换到AAC，是iTunes新添加的另一个功能。WMA格式是Windows用户使用的歌曲格式，而AAC则是很多iTunes用户所使用的歌曲格式，这种转换使得很多没有加密的Windows用户的WMA编码格式歌曲能够自动转换成iTunes版。结合具体实例而言，如果你的电脑上有一个WMA格式的音乐库，这时只要你在个人电脑上安装了iTunes，该功能就会自动将你的音乐库转换成iTunes，这样你除了可以在iTunes上播放这些音乐，还可以将其同步到你的iPod上。这个功能不仅施惠于Windows市场，同时也为惠普和其他的研发者提供了很大的帮助，对此我们感到很振奋。

　　有一类用户热衷于高保真，对此我们研发了一种新的无损压缩编码器，它可以传递几乎半个文档大小的真正CD音质，我想他们会喜欢这个。

　　请允许我再次重申一件关于个人使用权的事情，在座的各位将是我们对此做出调整改变后第一批听到我们具体方案的人。这个改变就是我们一面打击音乐盗窃，一面保留他们的个人使用权。我们和唱片公司进行了很好的合作，通过一些信息的咨询、数据的考查，实现了将同一用户的同一音乐列表刻录成CD的次数减少了3次的效果。这种减少对于我们的用户将没有太大的影响，而把用户从音乐商店里购买的歌曲扩大，从原先的3台电脑播放增加到现在5台电脑播放，会使更多的用户从中得到很大的福利。

需要说明的是，无限次刻录单曲的权利必然继续为用户所享有。有了这样的权利，你可以无限次地将最喜欢的歌曲放在多个播放列表中或者无限制的刻录。相同原理，对于音乐的收听量，iPod也没有所谓的数量限制。

总之，对于iTunes在第一年里所取得的成绩我们感到很开心，这种开心一直伴随着第三代音乐商店iTunes的发布；此外，我们的iPod和iTunes向我们证明了苹果无论是在创新还是在管理和营销上，都可以创造奇迹，前提是必须突破5%的操作系统市场份额范围。

悼念词的场景应用

案例一：领导悼念词

敬爱的×××总经理：

今天我们全体员工怀着悲痛的心情，向您告别，表示哀悼！

×××总经理，您在领导××公司的15年来，一贯勤勤恳恳、兢兢业业、任劳任怨，以超前的意识和锐意改革的精神，带领全体员工，为公司走向新的增长，发起一次又一次的冲击，克服了一个又一个困难，取得了巨大的胜利，得到了全体员工的尊重和爱戴。

×××总经理，您在改革开放的大潮中，发挥了自己的智慧，根据市场经济的理论规律，利用新技术，开发新产品，倡导

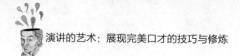

"开发竞争"精神，在市场竞争中，使公司步入了全市利税千万元效益企业的行列，受到了政府的表彰和奖励，为同行业树立了光辉的榜样。

但是，正在××公司走向一个崭新未来的时刻，敬爱的×××总经理，您先我们而去，与世长辞了。我们失去了一位好领导，经济战线上失去了一名好先锋，企业界失去了一位好朋友。

在这悲痛的日子里，惜别了，您的精神永远鼓舞着××公司奋发腾飞。

敬爱的×××总经理，安息吧！

您的精神永垂不朽！

案例二：奥巴马悼念曼德拉演讲稿

纳尔逊·曼德拉在1964年接受审判，在被告席上结束他的陈述时说："我曾为反对白人统治而斗争，也曾为反对黑人统治而斗争。我一直珍藏着一个民主、自由的社会理想，想让所有人都生活在一个和谐共处、机会均等的社会中。我希望为这个理想而生并将其付诸实现。但是，如果需要，我也愿为这样一个理想献出生命。"

纳尔逊·曼德拉为这个理想而生，并将其变成现实。他的成就超出了我们能够寄望于任何一个人去取得的。今天，他安息了。而我们失去了一位我们任何一个人能在这个地球上与之共度时光的人中，最有影响力、最有勇气、最善良的一位。他不再属于我们——他属于一个时代。

曼德拉以其强烈的尊严和为了他人的自由不惜牺牲自己自由的不折意志，改变了南非的面貌，并感动了我们所有人。他从一名囚徒变成一位总统的历程体现了全人类——以及各个国家——

都能变得更美好的希望。他移交权力并同那些关押他的人和解的承诺，树立了一个全人类都应当追求的典范，不论是在国家生活中，还是在我们的个人生活中。而他在做到这一切时还能保持风度和幽默，以及承认自己不足的能力，使他更加卓尔不群。他曾说过："我不是一个圣人，除非你们认为圣人是一个不断努力的罪人。"

纳尔逊·曼德拉的经历激励了亿万人，我是其中一员。我的第一次政治行动——我所做的与一项议题或政策或政治有关的第一件事——就是抗议种族歧视。我认真研读了他的话和他的著作。他走出监狱的那一天，使我认识到人类能够在自己的希望——而不是恐惧——引领下所能成就的事业。正如全球各地许许多多的人一样，我无法充分想象没有纳尔逊·曼德拉作为榜样，我的生活会怎样。在我的有生之年，我将尽最大努力向他学习。

米歇尔和我谨向格拉萨·马歇尔和曼德拉的家人致以最深沉的慰唁，并感谢他们与我们分享这位不平凡的人。他的毕生努力意味着长年累月远离最爱他的人们。我真切地希望与他共同度过的最后这几个星期能为他的家人带来平静与安慰。

对南非人民，我们要说，你们通过重生、和解与坚毅树立的榜样给了我们力量。一个自由、和平的南非——这是世界的榜样，这是"马迪巴"（曼德拉的家族名）为他所热爱的国家留下的财富。

案例三：汶川地震哀悼演讲稿

2008年5月12日14时28分，四川汶川地区发生8级大地震，迄今已有32447名同胞遇难。苍生泣血，泪眼横陈，山河变色，草木同悲。

昨天（18日），国务院发布公告，为表达全国各族人民对四川汶川大地震遇难同胞的深切哀悼，国务院决定，2008年5月19日至21日为全国哀悼日。在此期间，全国和各驻外机构下半旗志哀，停止公共娱乐活动，外交部和我国驻外使馆设立吊唁簿。5月19日14时28分起，全国默哀3分钟，届时汽车、火车、舰船鸣笛，防空警报鸣响。在哀悼日里，奥运圣火境内传递也将同时暂停。

这是自中华人民共和国成立以来，第一次就大规模自然灾害举行的全国性哀悼活动，也是第一次从制度上为自然灾害死难的普通百姓降半旗志哀。同时，5月19日14时28分，也是5·12汶川大地震中遇难者的"头七"。在中华民族传统的哀悼氛围中，举国降半旗志哀，用全民族的眼泪，悼念这次地震灾害中的罹难者、在救灾中的牺牲者，更是用全民族的意志，昭示中国对每一个普通生命的极大尊重。

为此，我们举国致哀。

哀悼日是对民族情感的凝聚。在灾难发生后，各地民众自发捐款、献血，许多国人甘当志愿者，主动表示愿意收养地震孤儿。当民众自发地用烛光哀悼死者，当民众自发地将赈灾物资运往灾区时，中华民族从来没有像现在这样，团结如一人。多难兴邦，作为一个有传统、也有担当的民族国家，我们需要一种国家行为，来重申全民族在这次灾难中的共同情感。

为此，我们举国致哀。

哀悼日也是对国家责任的重申。国家有为生民立命之任，有解民于倒悬之责。当自然灾害来袭时，一切生与死之间的选择，其实是每一个中国人的基本责任担当，更是国家作为民族集合体的承诺。国家有哀民生之不幸的义务，尤其是这场改革开放后死难人数最多的自然灾害，已经成为民族记忆中的一道伤口。许多公民失去了亲人，失去了家园，失去了他们所有美好的回忆。

为此，我们举国致哀。

哀悼日还是对民众呼声的响应。灾难发生后，不少民众通过各种渠道表达心声，希望能够通过国事行为，确定国家哀悼日，下半旗志哀。这既是许多国家的通行做法，也是民族国家认同、成熟和发展的标志，更代表了公民和国家荣辱与共的信念。国家现在响应他们，就是保护公民生命的基本尊严，肯定公民爱的权利。

为此，我们举国致哀。

在哀悼日中，我们更不应该忘记，瓦砾废墟下可能还会有奄奄一息的灾民。我们的眼泪是为死难者流，我们的汗水和决心，为那些生命奇迹流淌。在这个持续3天的哀悼日中，我们还要尽最大的努力，去换取哪怕只有一个生命奇迹的出现。与地震后的空间坍塌争夺生命，与地震后的时间争夺生命。这也是哀悼日的沉默里，我们真正需要勠力同心做的最重要的事情。

往者灾犹降，苍生喘未苏。在这个苍生泣血的日子里，整个民族用哀悼日的方式，树立我们拯救生命的决心，伸张我们的爱和信仰，书写我们生命的荣耀。此刻，我们已经打通了通往灾区中心的道路，生命的孤岛不复存在，而当整个中国降下半旗，鸣响警报和汽笛时，灾难的孤岛也不复存在，而大爱永存。

因此，为苍生泣血，让我们举国致哀。